超進学校トップ10名物対決

おおたとしまさ

JN249665

日経プレミアシリーズ

はじめに

便宜上「教育ジャーナリスト」と名乗ってはいるが、実際は、先生や子どもたちの「観察者」だと自分では思っている。『シートン動物記』や『ファーブル昆虫記』が森や草原を舞台にそこにあるきらきらとした「命」の物語を描いたように、実のところ私は、学校を舞台にそこにあるきらきらした「命」の物語を描きたいだけなのだ。

さて、本書は、最難関大学合格者数ランキングで上位にある学校に実際に足を運び、進学実績以外のちょっと変わった角度から光を当て、その学校の素顔の魅力を明らかにしようという企画である（学校選別基準については42〜46ページ参照）。

進学校を比較検討するための学校カタログではないし、一部の秀才しか入れない学校の教育を見せびらかす意図もない。これらの学校に共通する教育姿勢を、「いい学校とはどんな学校か？」「いい教育とはどんな教育か？」を考えるきっかけにしてほしい。

ところで最近興味深い調査分析結果を目にした。東京都医学総合研究所とロンドン大学の共同研究によって、60年以上にわたる大規模追跡調査の結果を分析したところ、思春期の時点で抱いていた価値観が人生の終盤での幸福感に大きく影響することがわかったという(※1)。具体的には以下の示唆があった。報告書から引用する。

- 思春期の時点で抱いていた「興味や好奇心を大切にしたい」という価値意識(内発的動機)が強いと、高齢期の幸福感が高まり、「金銭や安定した地位を大切にしたい」という価値意識(外発的動機)が強いと、幸福感が低くなることを明らかにしました。親の社会経済的地位や、本人の学歴によらず、この関係が認められました。
- 若者に対して経済的な成功や安定を目指すように強調するよりも、自身の興味や好奇心をはぐくむ教育環境を作っていくことが、活力ある超高齢化社会の実現に向けて重要な対策であると示唆されます。

さらに、報告書には「若い頃の様々な欲求や誘惑に負けずに自分をコントロールする力

（自己コントロール力）は、成人した後の経済的な成功を左右しますが、幸福感の指標である人生を振り返った時の満足感（人生満足感）とは関係しません」とも記されている。

ノーベル賞受賞の経済学者ジェームズ・ヘックマンの研究成果をもとにして、偏差値的な学力よりも自己抑制力などの非認知能力が重要だという言説が流行した（※2）。さらにペンシルベニア大学心理学教授のアンジェラ・ダックワースは、非認知能力のなかでも「GRIT（やり抜く力）」が、〝人生の成功〟に大きく影響すると主張し、世界的な注目を浴びた（※3）。

しかし先に挙げた論文では、「やり抜く力」とて、〝経済的成功〟の要因にはなるが、それ以上ではないことを示している。

論文の示唆するところを私なりにまとめれば、要するに、中高生のうちにせこい損得勘定を刷り込むなという話である。

なぜ私はここでこの論文を紹介したのか。本書に登場する学校の多くが、まるでそのことを知っていたかのような教育を行っているからだ。

※1　Syudo Yamasaki, Atsushi Nishida, Shuntaro Ando, Kou Murayama, Mariko Hiraiwa-Hasegawa, Kiyoto Kasai & Marcus Richards (2020) Interaction of adolescent aspirations and self-control on wellbeing in old age: Evidence from a six-decade longitudinal UK birth cohort, The Journal of Positive Psychology, DOI: 10.1080/17439760.2020.1818809

※2　『幼児教育の経済学』（ジェームズ・J・ヘックマン著、大竹文雄解説、古草秀子訳、東洋経済新報社刊）

※3　『やり抜く力　人生のあらゆる成功を決める「究極の能力」を身につける』（アンジェラ・ダックワース著、神崎朗子訳、ダイヤモンド社刊）

目次

第2章　行事

第5章　歴史

序　章

最難関国公立大学
合格ランキングの見方

東大合格者数ランキングは複数年の平均で見るべき

まず東大のランキングを見てみよう。

時代を遡り、1980年代、1990年代、2000年代、2010年代それぞれの前半5年間の平均のランキングトップ20（図表1～4）を掲載する。それぞれの時代にどんな学校がランキング上位にいたのかの傾向がつかめるはずだ。

そのうえで最新のランキングトップ30を掲載する。これも2020年単年のランキングではなく、過去5年間の平均合格者数をランキングにした（図表5）。東大合格者数には「隔年現象」と呼ばれるような極端な増減が起こりやすいからだ。

「隔年現象」とは、現役生が多数合格した翌年は浪人生の絶対数が減るので合格実績も下がり、その逆もあるという現象だ。複数年の平均値を出せば、それをある程度打ち消すことができるというわけだ。

図表1　東大合格者の推移

<1980-1984年>

順位	設置	学校名	所在地	平均合格者数
1	◎	開成	東京	132.2
2	◎	灘	兵庫	126.6
3	◎	麻布	東京	101.0
4	※	筑波大附駒場	東京	100.2
5	※	東京学芸大附	東京	98.8
6	◎	ラ・サール	鹿児島	97.6
7	◎	武蔵	東京	72.8
8	◎	栄光学園	神奈川	63.4
9	※	筑波大附	東京	62.8
10		浦和・県立	埼玉	54.8
11		湘南	神奈川	51.6
12	◎	愛光	愛媛	43.8
13	◎	桐朋	東京	39.6
14	◎	駒場東邦	東京	36.6
15		西	東京	36.4
16		千葉・県立	千葉	36.2
17	◎	久留米大附設	福岡	35.6
18	◎	広島学院	広島	33.8
19		戸山	東京	32.2
20		国立	東京	31.6

図表 2

<1990-1994年>

順位	設置	学校名	所在地	平均合格者数
1	◎	開成	東京	183.0
2	◎	灘	兵庫	106.6
3	◎	麻布	東京	103.4
4	◎	桐蔭学園	神奈川	96.2
5	※	東京学芸大附	東京	95.6
6	◎	ラ・サール	鹿児島	87.6
7	※	筑波大附駒場	東京	80.6
8	◎	武蔵	東京	65.0
	◎	栄光学園	神奈川	65.0
10		千葉・県立	千葉	59.4
11	◎	駒場東邦	東京	56.6
12	◎	桜蔭	東京	55.4
13	◎	巣鴨	東京	54.6
14		浦和・県立	埼玉	52.4
15	◎	桐朋	東京	46.0
16	※	筑波大附	東京	44.6
17	◎	東大寺学園	奈良	44.4
18	◎	愛光	愛媛	43.8
19	◎	海城	東京	39.8
20	◎	洛南	京都	38.4

図表3

<2000-2004年>

順位	設置	学校名	所在地	平均合格者数
1	◎	開成	東京	172.6
2	◎	灘	兵庫	93.6
3	※	筑波大附駒場	東京	93.0
4	◎	麻布	東京	90.4
5	※	東京学芸大附	東京	82.6
6	◎	桜蔭	東京	73.4
7	◎	ラ・サール	鹿児島	66.4
8	◎	駒場東邦	東京	55.4
9	◎	海城	東京	53.2
10	◎	栄光学園	神奈川	51.2
11	◎	巣鴨	東京	51.0
12	◎	桐蔭学園	神奈川	48.8
13	◎	洛南	京都	46.0
14	◎	武蔵	東京	40.2
15	◎	桐朋	東京	38.6
16	◎	聖光学院	神奈川	38.2
17	※	筑波大附	東京	36.8
18	◎	久留米大附設	福岡	35.0
19		岡崎	愛知	33.2
20		土浦第一	茨城	31.4

図表 4

<2010-2014年>

順位	設置	学校名	所在地	平均合格者数
1	◎	開成	東京	174.0
2	◎	灘	兵庫	101.8
3	※	筑波大附駒場	東京	98.6
4	◎	麻布	東京	84.8
5	◎	桜蔭	東京	67.0
6	◎	駒場東邦	東京	65.6
7	◎	聖光学院	神奈川	64.6
8	◎	栄光学園	神奈川	61.8
9	※	東京学芸大附	東京	58.2
10	◎	渋谷教育学園幕張	千葉	47.8
11	◎	海城	東京	42.0
12		浦和・県立	埼玉	35.6
13	◎	東大寺学園	奈良	35.4
14	◎	ラ・サール	鹿児島	35.2
15	※	筑波大附	東京	34.8
16		岡崎	愛知	33.0
17		日比谷	東京	32.4
18	◎	浅野	神奈川	31.6
19	◎	久留米大附設	福岡	31.4
20		旭丘	愛知	28.6

大学通信調べ。
※印は国立、◎印は私立、無印は公立を示す。合格者数は、各高校への調査などから集計した。校名は現在の名称。

灘、開成、桜蔭、ラ・サールが躍進したきっかけ

少なくとも戦後の学制改革から1967年まで、ずっと首位を独占していたのが日比谷だ。1964年には193人もの合格者を出していた。現在の開成のようである。その座を初めて奪ったのが意外にも関西にある灘だった。

灘が伸びたというよりは、日比谷をはじめとする都立高校の自滅だった。「日比谷一強」を改めるため1967年に東京都が導入した「学校群制度」が裏目に出て、日比谷だけでなく、都立高校全体が不人気になったのだ。

一方、初めて首位を奪ったのが、なぜ関西の灘だったのか。灘は柔道の創始者としても有名な嘉納治五郎がつくった学校。嘉納は長く東京高等師範学校の校長を務めていた人物で、灘には東京高等師範学校出身の教員たちが多くいた。『銀の匙《さじ》』のスローリーディングで有名だった故・橋本武教諭もその一人だ。その教員たちが灘の生徒たちに東京の話をするのである。それで、近くにある京大よりも東大を受ける生徒が増えたのだと考えられる。

1970年代の東大合格者数ランキング首位は、灘、東京教育大学附属駒場（現在の筑

駒）、開成が毎年のように入れ替わっていた。しかし1970年代半ばに開成が高校から2クラス分を入学させることにしたことで、1982年以降、開成一強時代へと移行する。その後開成は一度も首位の座を他校に譲っていない。

このことからもわかるように、合格者数ランキングにおいては1学年の生徒数が多いほうが有利に決まっている。例年の卒業生数は、開成約400人、筑駒約160人、灘約220人である。

ならば合格者数を卒業生数で割った合格率でランキングすればいいではないかという意見もあるだろう。しかし、仮に筑駒が突然1学年を400人に増やしたところで、東大合格者数が2・5倍になるかといえばおそらく違う。入学者の学力帯が広がるわけだから、合格率は下がるはずである。よって本書では実数でのランキングを掲載し、最新データに関しては、参考として卒業生数を付記した。

1980年代、1990年代、2000年代を見比べたときに目立つのが、桜蔭の躍進である。20位までの欄外から、12位、6位とランキングを上げている。地理的には東大のお膝元であるが、長らく「女子が東大なんて……」という社会的ムードの中で東大を受験する生徒自体が少なかった。しかし共通一次試験が導入され、自分たちの成績で十分東大に合格できそうであることがわかり、受験者が増えた。

灘と同様に関東圏以外の学校として目立つのが鹿児島のラ・サールである。１９７０年代に鹿児島空港が開港して東京が近くなり、東大受験者が増えた。地理的には不利であるにもかかわらず、九州の高校から東大合格者数が多いのは、明治維新以来、九州には東京に出て立身出世を目指すいわゆる「中央志向」の文化があるからだ。


戦後トップ10を外れたことのない唯一の学校は？


さて、最新のデータを見てみよう。「大学通信」の協力を得て作成した、２０１６〜２０２０年の５年間の平均値によるランキングトップ30だ。

２０００年前半までトップ20にも入っていなかったのに、ここで7位に躍進しているのが、渋谷教育学園幕張だ。１９８３年に創立し、飛ぶ鳥を落とす勢いで大躍進。県立王国だった千葉県に私立旋風を巻き起こしたその様子は「渋幕の奇跡」とも呼ばれている。

同様に一気にランクインしているのが10位の日比谷である。１９９０年代には東大合格者

図表 5　東大合格者数ランキング

順位	設置	学校名	所在地	2016年～2020年 5年間の平均値	
				平均 卒業生数	平均 合格者数
1	◎	開成	東京	398.6	175.4
2	※	筑波大附駒場	東京	161.6	105.0
3	◎	麻布	東京	302.4	86.8
4	◎	灘	兵庫	219.2	86.6
5	◎	聖光学院	神奈川	228.6	73.4
6	◎	桜蔭	東京	230.4	70.0
7	◎	渋谷教育学園幕張	千葉	355.6	69.6
8	◎	栄光学園	神奈川	178.6	61.4
9	◎	駒場東邦	東京	232.0	55.8
10		日比谷	東京	322.6	46.6
11	◎	海城	東京	313.4	46.4
12	※	東京学芸大附	東京	329.2	45.0
13	◎	ラ・サール	鹿児島	222.8	40.4
14	◎	西大和学園	奈良	326.0	38.6
15	◎	浅野	神奈川	265.4	36.4
16	※	筑波大附	東京	237.0	35.4
17	◎	久留米大附設	福岡	198.2	33.6
18	◎	女子学院	東京	221.4	32.6
	◎	早稲田	東京	302.6	32.6
20	◎	甲陽学院	兵庫	204.8	32.4
21	◎	東海	愛知	424.0	30.8
22		浦和・県立	埼玉	378.6	30.0
23	◎	東大寺学園	奈良	211.4	28.8
24	◎	豊島岡女子学園	東京	341.4	28.2
		旭丘	愛知	340.6	28.2
26	◎	渋谷教育学園渋谷	東京	210.0	26.8
27	◎	武蔵	東京	168.6	25.6
28		岡崎	愛知	386.6	23.6
29		西	東京	318.2	23.4
30		横浜翠嵐	神奈川	344.8	23.0

- 大学通信調べ。
- ※印は国立、◎印は私立、無印は公立を示す。
- 合格者数は、各高校への調査から集計した。

数1桁が続いたが、2000年代に入ってから始まった「都立高校改革」によって見事復活した。神奈川御三家の一角、聖光学院も躍進目覚ましい。

麻布は常に2～9位にいる。実は、戦後中高6年一貫教育体制になった1期生から、一度も東大合格者数ランキングトップ10を外れたことのない唯一の学校だ。しかし一度も1位にはなっていないところがむしろユニークである。

東大のランキングを見ているだけではわからない

次に京大の合格者数ランキングの歴史的変化を読み解く。

進学校の基準として、東大合格者数ランキングが取り沙汰されることが多い。言わずもがな、東大は東京にある総合国立大学であるがゆえ、合格者数上位校は首都圏に偏る。しかも首都圏には私立中高一貫校が多いので、上位を私立中高一貫校が占める。それをもって「首都圏の私立中高一貫校は教育レベルが高い」とは言えるはずもない。

関西には京大がある。iPS細胞でノーベル賞を受賞した山中伸弥さんや、ゴリラの研究者として有名な山極寿一元総長の存在感もあって、近年京大が人気だ。西日本の進学校の顔ぶれを見るのであれば、東大合格者数ランキングだけではなく、京大合格者数ランキングも見るべきであろう。

河合塾の国公立大2021年度入試難易予想一覧では、東大の偏差値は理科Ⅲ類（医学部系）で72・5、それ以外はすべて67・5。京大は医学部医学科が72・5。それ以外の学部学科の偏差値を定員に関係なく単純に平均すると65・2。

1990年代から2010年代前半まで首位は洛南

まず、1990年代前半、2000年代前半、2010年代前半の5年平均の合格者数ランキング（図表6～8）を見てみよう。

首位は一貫して、京大のお膝元にある洛南。1学年の人数が450人を超える大規模私立中高一貫校である。約1200年前に弘法大師・空海が興した私立学校「綜藝種智院《しゅげいしゅちいん》」にまでその歴史を遡ることができる。2000年前半までは同じく京大のお膝元にある洛星が次につけていた。こちらはカトリックの学校だ。

2010年代になると2位、3位を奈良勢が占めた。西大和学園と東大寺学園である。数年前、人口当たりの東大・京大の総合格者数で47都道府県をランキングするというテレビ企画があったが、その首位が奈良県だった。西大和学園と東大寺学園は京大にも東大にもバランス良く合格者数を出しているのが特徴で、その2校だけでたとえば首都圏の千葉県の全高校を上回る東大・京大合格者数を稼いでいるのである。それでいて奈良県の人口は千葉県の4分の1以下の規模なので、人口当たりのランキングでは全国トップになるのだ。両校とも県外からの通学者が多いというからくりもある。

関西の進学校と言えば筆頭にあげられるのは灘だが、東大志向が強いため京大のランキングではさほど上位には来ない。代わりに上位常連なのが、灘と同じく兵庫県の甲陽学院。灘も甲陽学院も、酒造会社がスポンサーになってつくられた学校だ。灘が「白鶴」と「菊正宗」と「櫻正宗」、甲陽学院が「白鹿」だ。自由かつ合理的な商人文化が両校の根底にある。

2010年代前半のランキングでいきなりトップ10に躍り出ているのが京都市立堀川だ。1999年に「探究科」という専門学科を設けるなどの学校改革を断行した。探究科1期生を含む卒業生約240人のうち106人が国公立大学に合格。前年6人からの大躍進で「堀川の奇跡」と呼ばれた。

図表6　京大合格者の推移

<1990-1994年>

順位	設置	学校名	所在地	平均合格者数
1	◎	洛南	京都	132.8
2	◎	洛星	京都	101.2
3	◎	甲陽学院	兵庫	74.2
4	◎	東大寺学園	奈良	72.2
5		北野	大阪	71.2
6	◎	灘	兵庫	56.0
7	※	大阪教育大附池田	大阪	47.2
8		三国丘	大阪	45.8
9	◎	大阪星光学院	大阪	44.2
10		膳所	滋賀	41.6
11		四條畷	大阪	41.4
12		茨木	大阪	39.2
13		奈良	奈良	38.4
14	◎	清風南海	大阪	35.0
15		天王寺	大阪	32.2
16		旭丘	愛知	31.4
17	※	京都教育大附	京都	26.2
18	※	大阪教育大附天王寺	大阪	25.0
	◎	高槻	大阪	25.0
20	◎	奈良学園	奈良	24.8

図表7

＜2000-2004年＞

順位	設置	学校名	所在地	平均合格者数
1	◎	洛南	京都	106.2
2	◎	洛星	京都	90.0
3	◎	東大寺学園	奈良	86.4
4	◎	甲陽学院	兵庫	70.8
5	◎	西大和学園	奈良	68.4
6	◎	大阪星光学院	大阪	55.2
7	◎	灘	兵庫	47.2
8		膳所	滋賀	45.0
9	◎	智辯学園和歌山	和歌山	41.0
10		北野	大阪	40.4
11	※	大阪教育大附池田	大阪	36.8
12	◎	清風南海	大阪	33.8
		奈良	奈良	33.8
14		茨木	大阪	33.6
15		旭丘	愛知	33.4
16	◎	高槻	大阪	33.2
17	◎	四天王寺	大阪	31.0
18		天王寺	大阪	28.4
19		三国丘	大阪	27.6
20		長田	兵庫	27.0

図表8

＜2010-2014年＞

順位	設置	学校名	所在地	平均合格者数
1	◎	洛南	京都	84.6
2	◎	西大和学園	奈良	77.6
3	◎	東大寺学園	奈良	66.8
4	◎	甲陽学院	兵庫	62.0
5		北野	大阪	57.2
6	◎	洛星	京都	55.2
7	◎	大阪星光学院	大阪	51.6
8		天王寺	大阪	49.2
9	◎	大阪桐蔭	大阪	49.0
10		堀川	京都	48.4
11		膳所	滋賀	48.0
12	◎	灘	兵庫	37.0
13		大手前	大阪	36.4
14	◎	清風南海	大阪	35.6
15		奈良	奈良	32.2
16		旭丘	愛知	31.2
17		三国丘	大阪	27.0
18	◎	東海	愛知	26.0
19	◎	四天王寺	大阪	25.8
20		長田	兵庫	24.4

大学通信調べ。
- ※印は国立、◎印は私立、無印は公立を示す。
- 合格者数は、各高校への調査などから集計した。
- 校名は、現在の名称。

いまでこそ一般的に認知されている探究学習の先駆けであり、その成果が表れたのだととらえられるが、同時にこんなしくみもある。堀川の探究科は専門学科で、学区に関係なく京都府全域の中学校から優秀な生徒を集めることができたのだ。以後、学区の拡大は公立高校復活の切り札として全国で利用されるようになる。

公立高校が大躍進。私立は医学部志向へシフト

さて、最近5年間の京都大学平均合格者数によるランキング（図表9）を見てみよう。

実は1980年代後半から2010年代前半までは上位を私立が寡占していたのだが、この5年間平均の首位は大阪府立北野だ。4位には同じく大阪府立天王寺がいる。5位は近年甲子園出場でも話題になった滋賀の名門・膳所。前述・堀川は6位。公立の躍進が目立つ。

理由の一つには「堀川の奇跡」と同様に、学区の拡大がある。北野は2011年、普通科の他に、学区に縛られず生徒募集ができる文理学科を設けた。2016年の入学者からは全クラスを文理学科にした。学区の拡大は全国的な流れである。しかしそれは同時に、公立高校の中で二極化が起こる可能性を増すことも忘れてはいけない。県下の優秀な生徒が一部の

図表9　京大合格者数ランキング

順位	設置	学校名	所在地	2016年～2020年 5年間の平均値 平均卒業生数	平均合格者数
1		北野	大阪	332.8	76.4
2	◎	洛南	京都	471.0	65.8
3	◎	東大寺学園	奈良	211.4	63.2
4		天王寺	大阪	357.6	57.4
5		膳所	滋賀	429.8	57.0
6		堀川	京都	244.4	50.2
7	◎	甲陽学院	兵庫	204.8	49.4
8	◎	洛星	京都	211.8	48.2
9	◎	西大和学園	奈良	326.0	46.4
10	◎	灘	兵庫	219.2	45.0
11	◎	大阪星光学院	大阪	186.8	42.2
12		旭丘	愛知	340.6	39.6
13	◎	東海	愛知	424.0	38.0
14		奈良	奈良	396.2	36.2
15	◎	大阪桐蔭	大阪	719.2	34.6
16		西京	京都	274.8	29.0
17		神戸	兵庫	355.6	28.0
18	◎	清風南海	大阪	318.2	26.0
19		長田	兵庫	317.6	25.0
20		大手前	大阪	356.6	23.6
21		三国丘	大阪	332.8	23.2
22		浜松北	静岡	397.2	21.8
23		岐阜	岐阜	379.2	21.6
24		岡崎	愛知	386.6	21.4
		明和	愛知	355.8	21.4
	◎	白陵	兵庫	181.8	21.4
27	◎	六甲学院	兵庫	163.6	20.6
28		金沢泉丘	石川	394.0	20.0
29		嵯峨野	京都	323.2	19.6
	◎	須磨学園	兵庫	427.2	19.6

大学通信調べ。
◎印は私立、無印は公立を示す。合格者数は、各高校への調査から集計した。

トップ校に集中してしまうのだ。

もう一つの理由には、私立進学校における医学部志願者増が挙げられる。たとえば洛南の京大合格者数の推移を見ると、1990年代前半には130人を超えていたものが、直近5年平均ではちょうどその半数になっている。一方、国公立大医学部合格者数（図表11）では直近5年間平均で、全国3位につけているのである。

12位の旭丘と13位の東海は愛知県の学校である。旭丘は県立、東海は私立。2校は徒歩約10分の距離にあり、愛知県の公立トップ校、私立トップ校としてよく対比される。愛知県の進学校は土地柄、京大にも東大にもバランス良く合格者を出すためそれぞれのランキングではいずれも上位に来ないが、東大・京大・国公立大医学部の合計合格者数ランキング（図表12）では、旭丘は全国の公立高校で北野に次いで2位、東海は全国の高校で開成と灘に次いで3位につけている超進学校なのだ。

「東大合格」「京大合格」に匹敵する「国公立大医学部合格」

近年、大学入試において医学部人気が高まっている。東大・京大より医学部という流れである。背景には、大災害の頻発による地元志向と、景気低迷による「手に職」志向がある。

ここまで東大および京大の合格者数ランキングを時代順に追ってみたが、近年それらのランキングで順位を落としている高校の中には、実は医学部進学者が増えているケースが少なくない。たとえば鹿児島のラ・サール、京都の洛南だ。

さて、国公立大学医学部は全国に50ある。私立大学医学部は31。そのほかに文部科学省管轄外の大学校として防衛医科大学校がある。

今回、国公立大に限ったランキングにした主な理由はこうだ。私大の医学部に進学するとなれば卒業までの6年間で2000万〜4000万円の学費がかかるといわれており学力以外の部分でフィルタリングがかかってしまうし、そもそも私大の合格実績には重複が多く、単純な合格者数では比較ができないため、ランキングに使用するにはふさわしくない。一方、国公立大学医学部であれば、6年間の学費は350万〜400万円程度ですむ。学費がリーズナブルである分、入試の難易度は高い。

くり返しになるが、河合塾の国公立大2021年度入試難易予想一覧では、東大の偏差値は理科Ⅲ類（医学部系）で72・5、それ以外はすべて67・5。京大は医学部医学科が72・

5。それ以外の単純平均は65・2だった。

対して、河合塾が運営するサイト「河合塾 医進塾」によれば、2019年度の国公立大学医学部の入試偏差値はほとんどが65〜67・5だった（一部「県民枠」に例外あり）。偏差値70以上だったのが、旭川医科（後期）、千葉（後期）、東京（前期）、東京医科歯科（前期）、山梨（後期）、岐阜（後期）、京都（前期）、大阪（前期）、奈良県立医科（後期）、宮崎（後期）である。東大・京大の一般的な入試の難易度と同等かそれ以上なのである。

地方によって国公立大学医学部の間口に大きな格差

当然ながら、東大合格者の出身高校は首都圏に偏り、京大合格者の出身高校は近畿圏に偏る。全国の高校における最難関大学進学実績を比較するのならば、入試難易度において東大・京大と同等か、それ以上に位置する国公立大学医学部への合格実績も比較しないとフェアではないだろう。そこで今回は国公立大学医学部の合格者数による高校別ランキングを掲載する。

ただし、国公立大学医学部合格者数にも地域による偏りがある。次ページから実際にランキングを掲載するが、一見して分かるのは西高東低であることだ。関東勢からトップ10に入っているのは、6位の開成のみ。20位までを見渡しても18位の桜蔭だけである。これにも実は理由がある。

全国に50ある国公立大学医学部を都道府県別にプロットした地図を見てほしい（図表10）。地理的には全国にまんべんなく散らばっているかのようだ。しかし、都道府県別の人口分布を意識しながら見てみると、偏りがあることがわかる。

関東地方（東京・神奈川・埼玉・群馬・栃木・茨城・千葉）の総人口約４３００万人に対して国公立大学医学部は6。近畿地方（京都・大阪・滋賀・兵庫・奈良・和歌山・三重）の総人口約２２５０万人に対して国公立大学医学部は９。さらに九州地方の総人口約１４５０万人に対して国公立大学医学部は８。

国公立大学医学部の毎年の募集定員はどこもだいたい１００〜１３０人で大差はない。つまり、人口当たりの医学部定員数を比べると、関東地方と近畿地方では3倍近い差があり、関東地方と九州地方では4倍近い差があるのだ。関東地方ではそれだけ国公立大学医学部の間口が狭いわけである。その分、私立大学医学部は関東地方に多い。

図表10　国公立大医学部の分布

※■＝国立　●＝公立
※国立、公立の順に都道府県の中に表示

北海道
■北海道大学（北海道）
■旭川医科大学（北海道）
●札幌医科大学（北海道）

中部
■新潟大学（新潟県）
■富山大学（富山県）
■金沢大学（石川県）
■福井大学（福井県）
■山梨大学（山梨県）
■信州大学（長野県）
■岐阜大学（岐阜県）
■浜松医科大学（静岡県）
■名古屋大学（愛知県）
●名古屋市立大学（愛知県）

中国
■鳥取大学（鳥取県）
■島根大学（島根県）
■岡山大学（岡山県）
■広島大学（広島県）
■山口大学（山口県）

東北
■弘前大学（青森県）
■東北大学（宮城県）
■秋田大学（秋田県）
■山形大学（山形県）
●福島県立医科大学（福島県）

関東
■筑波大学（茨城県）
■群馬大学（群馬県）
■千葉大学（千葉県）
■東京大学（東京都）
■東京医科歯科大学（東京都）
●横浜市立大学（神奈川県）

四国
■徳島大学（徳島県）
■香川大学（香川県）
■愛媛大学（愛媛県）
■高知大学（高知県）

近畿
■三重大学（三重県）
●和歌山県立医科大学（和歌山県）
●奈良県立医科大学（奈良県）
■滋賀医科大学（滋賀県）
■京都大学（京都府）
●京都府立医科大学（京都府）
■大阪大学（大阪府）
●大阪市立大学（大阪府）
■神戸大学（兵庫県）

九州
■九州大学（福岡県）
■佐賀大学（佐賀県）
■長崎大学（長崎県）
■熊本大学（熊本県）
■大分大学（大分県）
■宮崎大学（宮崎県）
■鹿児島大学（鹿児島県）
■琉球大学（沖縄県）

東大・京大ランキングでは目立たなかった学校が1位

実際に2016～2020年の5年間平均国公立大学医学部合格者数高校別ランキング（図表11）を見てみよう（防衛医大合格者数は含んでいない）。

2位以下を大きく引き離す圧倒的1位は愛知県の東海。愛知県という土地柄、生徒の進学先は東向きと西向きに分かれてしまう。そのため東大ランキングでは21位、京大ランキングでは13位とさほど目立たず、全国区では意外にその名を知られていないが、実は関東の開成や関西の灘に匹敵する中部地方の超進学校なのである。

2位の灘は東大にも国公立大学医学部にも強い。3位の洛南は京大と国公立大学医学部に強い。4位ラ・サールは近年医学部志向が強まったために東大ランキングではやや目立たないだけである。同じく九州勢からは、東大にも多くの合格者を出す久留米大附設が5位にいる。

図表11 国公立大医学部合格者数ランキング

順位	設置	学校名	所在地	2016年～2020年 5年間の平均値	
				平均 卒業生数	平均 合格者数
1	◎	東海	愛知	424.0	114.2
2	◎	灘	兵庫	219.2	88.8
3	◎	洛南	京都	471.0	81.0
4	◎	ラ・サール	鹿児島	222.8	75.2
5	◎	久留米大附設	福岡	198.2	63.4
6	◎	開成	東京	398.6	58.4
7	◎	愛光	愛媛	232.6	56.6
8	◎	四天王寺	大阪	457.2	55.4
	◎	東大寺学園	奈良	211.4	55.4
10	◎	甲陽学院	兵庫	204.8	52.2
11		札幌南	北海道	318.6	50.2
12		熊本	熊本	398.4	48.8
13	◎	青雲	長崎	212.4	45.6
14	◎	昭和薬科大附	沖縄	207.8	45.2
15	◎	西大和学園	奈良	326.0	41.6
16	◎	智辯学園和歌山	和歌山	261.4	41.0
17		仙台第二	宮城	318.0	40.8
18	◎	桜蔭	東京	230.4	40.0
	◎	大阪星光学院	大阪	186.8	40.0
20	◎	広島学院	広島	177.0	39.2
21	◎	白陵	兵庫	181.8	38.2
22	◎	滝	愛知	352.4	38.0
	◎	南山	愛知	398.8	38.0
24		新潟	新潟	358.8	37.4
25	◎	洛星	京都	211.8	37.2
26		旭丘	愛知	340.6	36.6
27	◎	渋谷教育学園幕張	千葉	355.6	36.0
28	◎	海城	東京	313.4	35.4
	◎	岡山白陵	岡山	184.8	35.4
30	◎	豊島岡女子学園	東京	341.4	35.0

大学通信調べ。
◎印は私立、無印は公立を示す。
合格者数は、大学の公表値と各高校への調査から集計した。

東大＋京大＋国公立大医学部の総合ランキング

では、東大・京大・国公立大医学部の合計でランキングしてみたらどうなるか（図表12）。トップ10に名を連ねる東海、洛南、東大寺学園、甲陽学院、西大和学園あたりは、普段東大のランキングしか気にしていないと、知らないひとも多いのではないだろうか。各地域では超進学校として有名であるが、全国区で見てもこの実績なのである。9位に国立の筑波大附駒場がいるが、それ以外のトップ10はすべて私立だ。

20位までを見ると、公立では13位に大阪府の北野、16位に愛知県の旭丘が食い込んでいる。50位までの52校のうち公立高校は19校で約37％を占める。

公立の場合、学区の広さが合格実績に大きく影響する。東京都は人口約１４００万人だが、たとえば福井県は約80万人。全県から学力最上位層を集めたとしても母集団の規模がそもそも違い、小さい県は不利である。九州など小学区制の地域ではさらに不利になる。

その点学区の制約がない私立は、県境をまたいで広い範囲から優秀な生徒を集めやすい。西大和学園、ラ・サール、久留米大附設などには寮があり、生徒の出身地は全国区になる。

図表 12 東大・京大・国公立大医学部合格者数 総合ランキング

順位	設置	学校名	所在地	2016年〜2020年 5年間の平均値						
				平均卒業生数(A)	平均合格者数(B)	合格率(B÷A)	合格率順位	東京大	京都大	国公立大医学部医学科計
1	◎	開成	東京	398.6	233.2	58.5%	5	175.4	10.4	58.4
2	◎	灘	兵庫	219.2	179.0	81.7%	1	86.6	45.0	88.8
3	◎	東海	愛知	424.0	177.0	41.7%	13	30.8	38.0	114.2
4	◎	洛南	京都	471.0	150.4	31.9%	22	16.8	65.8	81.0
5	◎	東大寺学園	奈良	211.4	137.2	64.9%	3	28.8	63.2	55.4
6	◎	甲陽学院	兵庫	204.8	127.6	62.3%	4	32.4	49.4	52.2
7	◎	麻布	東京	302.4	124.2	41.1%	14	86.8	14.2	27.0
8	◎	西大和学園	奈良	326.0	123.8	38.0%	17	38.6	46.4	41.6
9	※	筑波大附駒場	東京	161.6	122.6	75.9%	2	105.0	2.0	26.8
10	◎	ラ・サール	鹿児島	222.8	118.6	53.2%	7	40.4	6.8	75.2
11	◎	渋谷教育学園幕張	千葉	355.6	113.2	31.8%	23	69.6	10.4	36.0
12	◎	久留米大附設	福岡	198.2	106.8	53.9%	6	33.6	11.0	63.4
13		北野	大阪	332.8	106.4	32.0%	21	6.6	76.4	24.6
14	◎	聖光学院	神奈川	228.6	105.8	46.3%	10	73.4	6.8	29.0
15	◎	桜蔭	東京	230.4	105.4	45.7%	11	70.0	2.6	40.0
16		旭丘	愛知	340.6	103.8	30.5%	24	28.2	39.6	36.6
17	◎	大阪星光学院	大阪	186.8	92.2	49.4%	8	13.0	42.2	40.0
18	◎	洛星	京都	211.8	91.2	43.1%	12	9.0	48.2	37.2
19	◎	海城	東京	313.4	89.4	28.5%	27	46.4	9.4	35.4
	◎	駒場東邦	東京	232.0	89.4	38.5%	16	55.8	9.0	26.2
21	◎	栄光学園	神奈川	178.6	86.8	48.6%	9	61.4	6.4	22.0
22		膳所	滋賀	429.8	84.0	19.5%	48	3.4	57.0	24.2
23		天王寺	大阪	357.6	82.6	23.1%	39	3.6	57.4	22.0
24	※	東京学芸大附	東京	329.2	81.2	24.7%	35	45.0	9.0	27.2
25		熊本	熊本	398.4	78.8	19.8%	46	15.8	14.2	48.8
26	◎	愛光	愛媛	232.6	78.2	33.6%	20	17.0	6.2	56.6
27		札幌南	北海道	318.6	77.8	24.4%	36	14.8	13.2	50.2
28		日比谷	東京	322.6	77.4	24.0%	37	46.6	5.8	25.2
29	◎	白陵	兵庫	181.8	72.4	39.8%	15	15.0	21.4	38.2
30		堀川	京都	244.4	71.2	29.1%	26	6.6	50.2	15.6

順位	設置	学校名	所在地	2016年〜2020年　5年間の平均値 平均卒業生数(A)	平均合格者数(B)	合格率(B÷A)	合格率順位	東京大	京都大	国公立大医学部医学科計
31	◎	四天王寺	大阪	457.2	71.0	15.5%	65	2.0	16.2	55.4
32		岡崎	愛知	386.6	69.4	18.0%	52	23.6	21.4	25.0
33		岐阜	岐阜	379.2	69.2	18.2%	51	16.6	21.6	31.8
34	◎	豊島岡女子学園	東京	341.4	67.8	19.9%	45	28.2	4.8	35.0
35		浜松北	静岡	397.2	67.4	17.0%	55	15.4	21.8	30.6
36	◎	広島学院	広島	177.0	66.2	37.4%	19	14.6	13.4	39.2
37		浦和・県立	埼玉	378.6	65.4	17.3%	53	30.0	13.6	22.0
38	◎	清風南海	大阪	318.2	62.2	19.5%	47	4.8	26.0	32.2
39		仙台第二	宮城	318.0	60.6	19.1%	50	11.8	8.2	40.8
40	※	筑波大附	東京	237.0	60.0	25.3%	32	35.4	6.6	19.6
41	◎	智辯学園和歌山	和歌山	261.4	58.8	22.5%	41	8.0	12.0	41.0
42	◎	滝	愛知	352.4	57.4	16.3%	62	6.8	13.0	38.0
43	◎	浅野	神奈川	265.4	56.8	21.4%	42	36.4	5.0	16.2
44		修猷館	福岡	425.4	56.2	13.2%	81	13.6	15.2	27.8
45	◎	女子学院	東京	221.4	55.8	25.2%	33	32.6	9.2	15.2
46		新潟	新潟	358.8	55.6	15.5%	67	11.6	7.0	37.4
47	◎	青雲	長崎	212.4	55.0	25.9%	30	8.0	1.8	45.6
48	◎	大阪桐蔭	大阪	719.2	54.0	7.5%	151	2.4	34.6	17.4
49		千葉・県立	千葉	319.0	53.2	16.7%	56	22.2	9.6	21.6
50		金沢泉丘	石川	394.0	52.8	13.4%	79	14.8	20.0	18.0
		藤島	福井	340.2	52.8	15.5%	66	9.0	17.8	26.6
		高松	香川	318.6	52.8	16.6%	59	7.2	15.0	31.2

大学通信調べ。
※印は国立、◎印は私立、無印は公立を示す。
　合格者数は、各高校への調査と一部大学の公表値を使用した。防衛医大は含まない。

　平均合格者数は、東大京大の医学部合格者を二重にカウントしていないため、合計数と合わないことがある。

1学年の生徒数で割ると少数精鋭校が見えてくる

参考として、合格者数を卒業生数で割った合格率も出してみた。灘の81・7％と筑駒の75・9％が突出している。これは取材時に私が得る感覚と一致する。この2校の生徒集団には、他の名だたる進学校の生徒と比べても異質の知的鋭利さを感じるのだ。

合格率による順位も添えてみた。当然ながら400人を超える大規模校は順位が下がる。逆に、この合格者数ランキングトップ50には漏れるが、合格率では上位に来る学校を挙げておく。北海道の北嶺が37・8％で18位。石川県の金沢大附属が29・3％で25位。兵庫県の六甲学院が27・8％で28位。広島大附属福山が26・3％で29位。少数精鋭の学校といえる。

ただし、たとえば1学年約220人の灘が、開成と同じように1学年を400人に増やした場合に合格者数が326人（合格率81・7％）になるかといえばそれは考えにくいという理屈は先述の通り。合格率による順位はあくまでも参考として見てほしい。

東大合格者数ランキングはさまざまなところで目にする機会があり、その上位校は有名進学校として全国区の知名度を得やすいが、入試難易度では東大に匹敵する京大や国公立大医学部の合格者数によるランキングも合わせてみたり、合格率を計算してみたりすると、全国には他にもすごい進学校がまだまだあることがわかる。

最難関大学合格という観点から見ても、ちょっと光の当て方を変えるだけで見えてくる学校の顔ぶれが変わるのだ。ましてや学校の価値は最難関大学合格実績だけではない。さまざまな角度から光を当てれば、それぞれに個性的な学校を見つけられる。今回のこのランキングも、あくまでも光の当て方の一つでしかない。

お気づきの方も多いかと思うが、本書掲載の学校は、この総合ランキングトップ10の学校だ。また、情報は2019~2020年の約1年半にわたって取材したもので、コロナ禍においては例年通りには実施されていない行事や授業もあることをご了承いただきたい。

〈本書掲載校の基本情報〉

開成中学校・高等学校（東京都荒川区・男子校）

創立は1871年。創立者は江戸幕府の技術官僚だった佐野鼎。初代校長は高橋是清。1982年以来38年連続で高校別東大合格者数首位にある。卒業生には、衆院議員の岸田文雄氏、マネックス証券の松本大氏、演劇家の蜷川幸雄氏などがいる。募集定員は、中学約300人、高校約100人。

灘中学校・高等学校（兵庫県神戸市・男子校）

創立は1927年。日本酒の「白鶴」「菊正宗」「櫻正宗」で知られる3つの酒蔵が資金を出してつくられた。建学の指揮を執ったのは近代柔道の父・嘉納治五郎。卒業生には、ノーベル化学賞の野依良治氏や神奈川県知事の黒岩祐治氏、阪急阪神ホールディングス会長の角和夫氏などがいる。募集定員は、中学約180人、高校約40人。

東海中学校・高等学校（愛知県名古屋市・男子校）

創立は1888年。もともとは浄土宗の僧侶育成のための学校としてつくられた。国公立大医学部合格者数では全国でもダントツの1位。卒業生には、予備校講師の林修氏、ニュースキャスターの木村太郎氏、作家の大沢在昌氏、元首相の海部俊樹氏などがいる。募集定員は、中学約360人、高校約40人。

洛南高等学校・附属中学校（京都府京都市・共学校）

源流を遡ればおよそ1200年前に弘法大師（空海）が庶民教育の場として設立した、日本最初の私立学校「綜藝種智院」にまでたどりつく。卒業生には、俳優の佐々木蔵之介氏、哲学者の岸見一郎氏のほか、陸上短距離走の桐生祥秀氏などスポーツ選手も多い。募集定員は、中学約280人（内部進学者約90人含む）、高校約144人。

東大寺学園中・高等学校（奈良県奈良市・男子校）

創立は1926年。「奈良の大仏」で有名な東大寺の境内に設けられた勤労学生のための夜間学校にまでそのルーツを遡ることができる。卒業生には、俳優の山西惇氏、東宝社長の島谷能成氏などがいる。現在の募集定員は、中学約200人、高校約40人だが、2024年からは高校募集を停止予定。

甲陽学院中学校・高等学校（兵庫県西宮市・男子校）

創立は1917年。日本酒の「白鹿」で有名な辰馬本家酒造と深い関わりがあり、地元では「辰馬さんの学校」として親しまれている。卒業生には、サントリーホールディングスの佐治信忠会長、アスキー創業者の西和彦氏、世界初の宇宙ごみ回収業者アストロスケール創業者の岡田光信氏などがいる。募集定員は、中学約200人。

麻布中学校・高等学校（東京都港区・男子校）

創立は1895年。創立者は旧幕臣・江原素六。戦後中高一貫体制になってから一度も東大合格者数ランキングトップ10から外れたことのない唯一の学校。卒業生には、元首相の福田康夫氏、元文部科学事務次官の前川喜平氏、社会学者の宮台真司氏、アナウンサーの桝太一氏などがいる。募集定員は、中学約300人。

西大和学園中学校・高等学校（奈良県河合町・共学校）

創立は1986年。創立者は当時奈良県議会議員だった田野瀬良太郎氏。「西大和学園の出口に有名大学の入口がある。そう言われるべく、まず関関同立合格の学力はつけます。そして、その延長線上に国公立大の展望も開けます」という明確な方針を掲げて登場した。卒業生の衆議院議員の田野瀬太道氏は、創立者の次男で、学園理事長・田野瀬太樹氏の弟。募集定員は、中学約220人（男子約180人、女子約40人）、高校約120人。

筑波大学附属駒場中学・高等学校（東京都世田谷区・男子校）

創立は1947年。もともとは農業系の学校だったが、現在は東大合格率の高さで圧倒的な強さを誇る。卒業生には、参院議員の小池晃氏、東京大学医学部附属病院元院長の門脇孝氏、みずほフィナンシャルグループ元会長の塚本隆史氏、JR東日本会長の冨田哲郎氏、経営共創基盤代表取締役CEOの冨山和彦氏、演出家の野田秀樹氏などがいる。募集定員は、中学約120人、高校約40人。

ラ・サール高等学校・中学校（鹿児島県鹿児島市・男子校）

創立は1950年。ラ・サール会は世界で約1000の学校を運営するカトリック系の教育修道会。学校に寮が併設されているので全国から生徒が集まり、生徒の約半数は寮暮らしだ。卒業生には野村ホールディングス元会長の古賀信行氏やりそなホールディングス会長の東和浩氏、NHK前会長の上田良一氏などがいる。募集定員は、中学約160人、高校約240人（内部進学生含む）。

第　1　章

部 活

「東大王」鍛えた　開成クイズ研究部の早押し特訓

伊沢拓司さん、水上颯さんもここから

テレビのクイズ番組がブームだ。なかでもTBS系の番組「東大王」からは、伊沢拓司さん、水上颯さんのような「東大生スター」が誕生した。この2人、実はそろって開成の出身。しかも同じクイズ研究部で腕を磨いたのだという。クイズ界の人気者を続々送り出すクイズ研究部を訪ねた。

放課後の教室に続々と生徒が集まってくる。この日は、主に入部したばかりの中学1年生が活動する日だった。数々のクイズ大会で輝かしい実績を残す強豪だが、体育会的な緊張感はない。なんとなく集まり、なんとなく始まる。

幹部の高校生が早押しのボタンをコンセントにつないで準備する。練習を仕切るのは高校2年生の部長だ。8人のグループを5つつくり、順番に練習が始まる。黒板には「4〇　2

×　2人抜け」の文字。「4問正解した者から上位2人が勝ち抜けする。2問間違えたら失格」の意味だ。

問題集を持った上級生が教卓に着き、早押しボタンを握りしめた8人が周りを囲む。問題が読み上げられると、「ポン！」という軽い電子音が鳴ってライトがつく。解答権を得た生徒が答え、正解なら出題者が「正解！」と声を出す。間違えれば「ブー」というブザーを鳴らす。それをひたすらくり返す。

ボタンのセットは1つしかなく、一度に参加できるのは8人まで。残りはひたすら待機。中1生の多くは、スマートフォンのアプリ「みんなで早押しクイズ」に取り組んでいた。インターネットを介して、見知らぬひとととリアルタイムに早押しを競えるアプリだ。

その傍らで上級生はノートに細かい文字を書き連ねていた。クイズの問題集を解きながら要点を書き抜く。そうやって基礎力を鍛えるのだという。塾の宿題をせっせとこなす生徒もいる。欠席、遅刻、早退、内職、すべて自由だ。

中1生に「なぜクイズ研究部に入ったの？」と尋ねてみると、「有名になりたいからです！　でも現実はそんなに甘くありませんでした」と笑った。

「テレビに出られてよかった」

2018年度の部長を務めた高3生、後藤弘さんに話を聞いた。日本テレビ系「高校生クイズ2017」で準優勝を果たした実力者で、決勝ラウンドの舞台となった米国で数々の珍場面や迷言を残して一躍有名になった。後輩もあこがれる存在だ。

――なぜクイズ研究部に？

歓迎会の雰囲気がいいなと思いました。スポーツなどと違ってスタートラインがみんな一緒なのもいいところです。同級生は20～30人いましたが、結局5年間続けたのは10人弱でした。ここ2、3年は新入生が80人くらい入部します。

――活動内容や目的は？

「競技クイズ」という早押し形式のクイズの腕を磨いて、大会で勝つことを目指します。大会には大小ありますが、夏の「高校生オープン」、大学生まで参加できる3月の「ａｂｃ」が特に有名です。基本的には問題集を読み込めば強くなれます。自分たちで大会を主催する

開成クイズ研究部の練習風景

こともあるので、問題づくりもやります。ノルマがあって結構大変です。

――クイズでの成果は？

いくつかの大会で優勝しました。テレビにも出られたし、他校のひとと仲よくなれたこともよかったです。24歳以下が参加する「ボツワナオープン」で準優勝したのは、自分のなかでは誇りです。

――大学生になっても続けますか。

大学生になってからのほうがテレビに出る機会が多いので、出てみたいですね。大学ではプログラミングを研究したいと思っています。

中1生の練習が終わると、15分間だけ上級生たちがボタンを握った。緩い空気が一瞬で引き締まる。ボタンを握る姿勢からして、中1生のそれとはまるで違う。「ガチの競技」の雰囲気がわかった。

できる生徒の「プライド共存」に難しさ

部としての歴史は、それほど長くない。1992年に同好会として発足し、2005年にクイズ番組「アタック25」の高校生大会で優勝。その翌年に部に昇格した。今では「高校生クイズ」で3連覇するなど圧倒的な強さを誇る。

「関東クイズ連合（KQA）」のメンバーでもある。開成に加え、筑波大学附属、都立立川、早稲田、県立横浜翠嵐、横須賀、慶應義塾、県立船橋、県立浦和、栄東、県立宇都宮が持ち回りで、例会と呼ぶ大会を主催している。大会を仕切ったり、他校と連絡を取り合ったりするのも部の幹部の重要な役割だ。

発足当時から顧問を務める池田良博教諭は「テレビのクイズ番組はゲーム的な要素が加味されていますが、部員たちが普段取り組んでいるのは純然たる早押し形式の『競技クイズ』

です。これは最後まで話を聞かないと結論がわかりにくい日本語の語順だからこそ成り立つ独特のルールなんです」と話す。

今では学校を代表する「名物部活」になったが、部員が集まらず廃部の危機を感じたこともあったという。一部のクイズマニアが自分たちだけで楽しんでしまい、「下級生への指導ができていなかった時期もありました」(池田さん)。先生の高校生部員への働きかけで、上級生が下級生の面倒を見る文化が少しずつ根付いてきた。

「今はクイズブームで新入部員が多く、夏合宿にはおそらく80人強が参加するでしょう。でも中1の終わりにはだいたい半分くらいに減ります。実際入ってみると、結構厳しいとわかるんですね」(池田さん)

競技クイズの奥深さや先輩のレベルの高さを肌で感じ、ちょっとやそっとの努力では通用しないとわかる。それで多くが脱落するというわけだ。上級生、下級生の別なく、負けず嫌いの部員同士が激しく火花を散らすこともある。強くなりすぎて下級生とやるのがつまらなくなり、顔を出さなくなってしまう部員もいる。「彼らのプライドのようなものを共存させるのは意外と難しいんですよ」と池田さん。なんとなく、わかる気がする。

「数学五輪」の常連・灘の数研　先生もかなわない才能

数学オリンピック入賞者も多数

灘には数学研究部という部活がある。生い立ちははっきりしないが、少なくとも60年以上の歴史をもつ。ちなみに本書にデータを提供してくれている大学通信のゼネラルマネージャー安田賢治さんも灘の数学研究部の出身。数字に強いわけだ。

大学の数学科の学生が読むような、数学の教科書や専門書を読んで輪講する「自主ゼミ」が主な活動内容だ。活動は部員の自主性に任されており、顧問が指導することはほとんどない。

2019年度の「自主ゼミ」グループは4つ。課題図書は、線形代数についての『理系のための線型代数の基礎』（永田雅宜）、微分幾何についての『多様体の基礎』（松本幸夫）、代数的整数論についてのオンライン文書『Algebraic Number Theory』（J.S. Milne）。もう1

つのグループはいくつかの専門書を行ったり来たりしているという。

だいたい週1回、グループメンバーの都合のよい放課後に集まり、順番でまわってくる担当者が、自分の担当のページを予習して、ほかの参加者に解説する。「要するに、大学の数学科のゼミと同じことをやっています」と顧問で数学科教員の河口祐輝さんが説明してくれた。河口さんも灘の数学研究部出身で、大学では数学科に進んだ。

顧問というよりも元部員という視点で河口さんが語る。

「大学数学を早くやりたいという自然な欲求がモチベーションです。鉄道研究部が鉄道を好きだったり、サッカー部がサッカーを好きだったりするのと同じように、純粋に数学に強い好奇心をもっているひとたちの集まりです」

この部活から、数学オリンピック入賞者も多数出ている。「灘の数学の先生からしてみても、『こいつにはかなわない』と思うような生徒がいるのか？」と聞いてみる。長年数学研究部を見てきたもう1人の顧問・近田宏志さんは「そりゃ、たくさんいますよ！」と大笑いした。

中高6年間の数学を中1で超特急習得

毎年5月に行われる文化祭で、数学研究部として1年間の成果を発表する。一人一人書いた論文は部誌にまとめる。数学オリンピック的な問題を解かせて得点を競う「和田杯（校長の名にちなんで）」という競技も開催する。大人向けの現代数学の講義も行う。そして目玉は、灘の中学入試の「そっくり問題」を部員がつくり、小学生に解かせ、解説する「灘中入試模試」だ。

文化祭が終わると新しい課題図書を数冊選んで、グループに分かれて新しい「自主ゼミ」を始める。「数学専攻の大学生が読むような本ばかりですから、そうサクサク進むものでもありません。苦しみながら読み進めます。でもそれが楽しい」と河口さん。

ただし、中学校に入ったばかりで2次方程式すら知らない1年生がいきなり「自主ゼミ」に参加するのは無謀。そこで行われるのが「中1講義」である。早く「自主ゼミ」に参加できるようにするために、本来なら高3までの6年間で学ぶ一通りの数学を中1の1年間で修了してしまうという超特急プログラムだ。

「中1講義」は放課後に週2回。代数分野と幾何分野を同時並行で進める。教えるのは中3の部員の役割だ。数学オリンピックで活躍するような優秀な先輩たちを間近に見ながら中高6年間の数学が短期間ですべて習得できるなんて〝おいしい〟話はない。

近田さんは「本人が望むのか、親が望むのかは不明ですが、この10年くらいはやたらと中1での入部が多い。数学が好きでたまらないというよりは、大学受験に有利という打算で入ってくる部員もいるかもしれない」と言う。

しかし当然ながら、活動内容は思ったよりもハードなので、「中1講義」を最後までやり切るのは3人に1人もいない。中2では部員が20人ほどになり、高3まで活動を続けるのは多くて10人だ。

数学テキスト約40ページ分を2時間で終了

「中1講義」を見学した。放課後、中1の部員が10人ほど集まる。講師は中3の仲西皓輝さん。テキストはなく、仲西さんが板書をしながら講義が進む。中1たちはいたってリラックスしている。遊びながら聞いている部員もいる。なんとも不思議な雰囲気だ。

この日のテーマはベクトルで、中1にとっては初めて扱うテーマであるが、どんどん進む。ベクトルくらい大昔に私も学んだが、顧問の先生たちとちょっと話をしている間に、あっという間に置いていかれ、話について行けなくなった。2時間弱の講義で進んだ範囲は、定番テキスト青チャートの『数学2＋B』の384ページから425ページまで約40ページ分に相当するらしい。

仲西さんの手には1冊の大学ノートがある。自分が中1のときに受けた「中1講義」のノートである。それをもとに、講義のプランを考える。今回の講義の準備のために3時間ほどの時間を費やしたという。

もう1人の中1講義担当講師の飯沢海さんは「教えるのが楽しそうだと思って、自ら講師を志願しました。中2のとき、日本数学オリンピックのジュニア部門で本選まで行きましたが、入賞はできませんでした。今年からは日本数学オリンピックに挑戦しようと思います。将来は数学の研究者になりたい」と、抱負を語ってくれた。

数学には哲学的な側面がある

部長の平山楓馬さん（高2）は、灘に合格する前から灘の数学研究部に入ろうと決めていた。出身は愛知県の田舎町。小学生のころから数学が大好きで、高校数学の問題を解くのが趣味だった。当然のように算数オリンピックに出場し、上位入賞を果たしている。中学受験塾には通わず、地元の個人塾のサポートだけで灘に合格した。いわゆる〝中学受験エリート〟とは違う。灘に来たら、算数オリンピックで競い合ったライバルたちに再会できた。

――数学研究部の醍醐味は何か。

先輩に教わって、仲間同士で学び合って、後輩に教えることで、自分だけでは学べないことが学べることです。

――部としての課題は何か。

できるひとがガンガン進めていくので、一部の部員には近寄りがたさがあることです。特に中2以降についていけるかどうかが大きな壁になっています。

――目標は?

部長としてはやはり5月の文化祭を成功させることです。個人としてはこの春の数学オリンピックで日本代表を目指します。

――ライバルは開成、筑駒?

そうですね。数学オリンピックで強い数学研究部は、うちとその2校にだいたい絞られます。でもいちばんのライバルはうちの部員です。

――将来の目標は?

ゆくゆくは数学の研究者になるつもりです。

――目指すはフィールズ賞?

いやぁ、そこまではまだ考えられません(笑)。

――「数学甲子園」というのもありますよね?

はい。あれは団体戦なので、最近では公立高校も強いですね。

――定期試験前とか、クラスの友達から質問攻めにならないか。

それはありますね。先生に聞くより気楽ですから。数研の宿命みたいなものです(笑)。

——大学受験の数学はもう楽勝でしょう？

まあそうですけれど、数研でやっていることと受験数学とは元来似て非なるものなんです。受験では、パターン化された問題を時間内に解く能力が求められます。でも僕たちがやっている大学以降の数学は、まずはすでにある理論を勉強したうえで、その数学の世界を広げることです。そもそも高校までの教科書の範囲はごく狭い部分にすぎません。数学オリンピックだって数学という広大な世界のなかにある狭い「村」のようなものです。

「数学には哲学的な側面がある」と河口さんも言う。「高校までは目に見える世界の数学を扱っています。でも大学以降の数学では、目には見えない世界と向き合う覚悟をもたないと難しいんです。数学研究部をきっかけにして広い世界をのぞこうと少し試みるだけでも、結果的にそれをあきらめたとしても、それはその後の人生においてプラスになることだと思います。そのように『チャレンジする』ための場所、ひと、物、伝統がある程度そろっているということが、数学研究部に限らず、本校全体の良いところではないかと思っています」。

そう語る河口さんの表情には、数学少年だった面影がいまでも残っている。

名門東海の男子歌劇団　名物「カヅラカタ」の本気度

2012年にはテレビドラマ化

東海にはかなり変わった部活がある。クラブ名としては「演劇部」。どこにでもある。しかし活動内容が普通じゃない。宝塚歌劇団のパロディーなのだ。ちなみに東海は男子校である。つまり演じるのは全員男子。だから「タカラヅカ」歌劇団を逆読みして「カヅラカタ」歌劇団と呼ばれている。

男子高校生がアーティスティックスイミング（かつてのシンクロナイズドスイミング）に挑戦する実話をもとにした映画「ウォーターボーイズ」に触発され、2002年の文化祭実行委員長が文化祭を盛り上げるウケ狙いの企画として考案したのが始まり。ただし「やるからにはまじめに、本気に」がモットー。

のちに正式に部活となり、いまでは文化祭から独立して春と秋の年2回、1日2回の公演が行われるまでに成長。名古屋を中心に大きな話題となり、2012年には「ハイスクール歌劇団☆男組」としてテレビドラマ化もされている。本家宝塚歌劇団のトップスターや劇作家が公演を見に来てくれたことも、元宝塚歌劇団のメンバーから直接ダンスの指導を受けたこともある。

同校オーケストラ部が生演奏を担当する。舞台照明や音響は名古屋工学院専門学校の学生がボランティアで協力してくれている。まさにプロ仕様の舞台が用意されるのだ。衣装は「すみれ会」という保護者の有志団体が、貸衣装屋さんから譲り受けた衣装を男性用にリフォームしてくれている。メークは基本的に生徒が自ら行い、仕上げのみ専門家が手伝ってくれる。

会場となる同校の講堂の座席数は1350人。混乱を避けるため、完全座席指定制だ。チケットの販売についても生徒たちがしくみを考えた。毎年座席数の何倍もの申し込みがあり、抽選になる。講堂での指定席がとれなかった観客のために、舞台上の映像を生中継で見られる別室も用意される。

ちなみに講堂は1931年(昭和6年)に建てられたもので、国の登録有形文化財に指定

東海の講堂は国の登録有形文化財

されている。最高の会場だ。

「この講堂は、1944年の東南海地震にも耐えました。いま88歳でこの通り現役です。しっかりつくり込めば100年もつということです。しかも天井が波打つような形になっており、壇上でマイクなしで話をしても隅々まで声が届くようになっています。マイクのなかった時代でしたから、人間の身体に合わせて緻密につくられたのでしょう。『時間に追われてやっつけ仕事をするんじゃないよ、機械に頼っていてもダメなんだよ』と我々に教えてくれています。講堂は、最高の教材です」と高校教頭の西形久司さんは言う。

年々上がる期待に応え続ける

２０１９年の10月に予定されていた公演は台風の影響で11月に延期された。公演前日の講堂の様子をのぞいた。すでに名古屋工学院専門学校の学生たちが運び入れた音響・照明設備がセットされ、舞台裏には豪華絢爛《けんらん》な衣装が所狭しと並んでいる。本番さながらのリハーサルはとっくに終えていて、あとは幕が上がるのを待つばかりである。演目は「スカーレットピンパーネル」。

団長の前津瑳佑さん（高２）に話を聞いた。

――どうしてカヅラカタに入団しようと思ったのか。

中学受験をする段階から、この学校にカヅラカタがあることは知っていました。母からは「あなたも入ったら？」と言われましたが、まったく興味がありませんでした。もちろん本家本元の宝塚歌劇団を見たこともありませんでした。興味はなかったのですが、母の希望で、入学してすぐ行われた春の公演を見ました。そうしたらものすごく感動しちゃって……。入部を即決しました。

――カヅラカタの醍醐味は何か。

普通の高校の演劇部とは違いますよね。会場は立派だし、音響設備もプロ仕様だし、オーケストラの生演奏もあるし、一般のお客さんもいっぱい来ますからやりがいがあります。

――この部活の難しさは何か。

年々注目度が上がっていて、それとともに公演の完成度に対する期待度も上がっています。その期待に応えなければいけないという思いが、団長としてはあります。一方で、これはあくまでも部活であって、僕らはプロの演劇集団ではありません。学校生活の一環としてこの部活に参加しているわけで、生徒それぞれの事情を無視して無理を押しつけるわけにはいきません。要するに、ひとに命令するのって難しいなってことです。これは僕個人の問題なんですけれど……。でもその困難さを乗り越えていくのが、この部活なんだろうなと思います。

――今日は本番前日だが、年間を通して普段はどんな活動形態なのか。

現在の部員数は21人です。顧問はまったく干渉しません。それはいいことだと僕は思っています。だから練習日も自分たちで決めていて、本当にまちまちなんです。たとえば4月の公演が終わると、5月とか6月はやることがなくて、みんなでサッカーとかしています。夏休みくらいからようやく舞台の準備を始めて、9月に入るとほぼ毎日、週末もフルで練習します。

――年2回の公演があって、それぞれに半年の準備期間があるが、その3分の1くらいはサッカーをしていると（笑）。

マイペースな部活なんで……（汗）。毎年違うんですけど。

――予算管理はどうしているのか。

そこは顧問の先生とか、保護者の「すみれ会」とかがやってくれているので、具体的な金額などは僕は知りません。DVDやポスターをつくって販売したり、パンフレットに広告を載せて広告費をいただいたりしています。

――明日はどんな役柄を？

僕はショーヴランという準主役の男役を演じます。

――将来の夢は？

悩んでいます。医者になろうと思ってこの学校に入りました。でもこの学校の先生を見ていて、教師という職業もいいなと思いました。でもカヅラカタを経験して、ひとを喜ばせる仕事もしてみたいなと思うようになりました。だからエンタメ系には興味があるけど、役者じゃないなとも思います。かといって、1年間団長をやってみて感じたのですが、僕はリーダーに向いている人間じゃない。うーん、いまはeスポーツを中高の部活に広める活動に興味がありますね。

高校生の段階ではっきりした夢があるのなら、それはそれで立派である。あとからその夢が変わってしまうかもしれないが、いまはそれに邁進すればいい。一方で高校生の段階ではっきりとした夢がないとしても、それはいたってまっとうなことである。大きな迷いや悩みを抱えているのならそれも、中高生のいましかできない、とても有効な時間の使い方をしているということだ。

インタビューを終えた私は「団長は、医者になろうと思ってこの学校を選んで、いまはものすごく迷っているんですって」と教頭の西形さんにこっそり耳打ちした。すると西形さんは「思惑通り。どんどん迷ってほしい」とほくそ笑んだ。

一枚の紙に無限の可能性　東大寺学園の折り紙研究部

東大寺学園文化祭の新たな名物

昨今、男子校の文化祭で人気の展示は、たいてい鉄道研究会かクイズ研究会と相場が決まっている。東大寺学園でもそれは例外ではない。しかし近年、新たな名物になりつつある部活があるという。折り紙研究部である。毎週金曜日の放課後に教室で活動する。

2012年に有志団体として発足した。翌年に初めて文化祭で展示を行うと、そのクオリティーの高さが話題となり、同好会に昇格する。2019年、クラブに昇格。文化祭を終えて高3が抜けた現在の部員は中高合わせて15人。人数がいちばん多い中3のメンバーが幹部を務める。

中3の部長に聞いた。

——部活の時間は何をするのか。

それぞれに自分で好きなものを折ります。個人の自由を最大限に認めることがこの部活の特長です。

——だったら家でもできるのでは？

たしかにそうですけど、ときどき折り方のわからないところを相談したりします。

——本に書かれている通りに折る折り紙と、自分でオリジナルの作品をつくるのとどちらが多いか？

やっぱり最終的にはオリジナルの作品をつくる達成感を求めているのですが、そのためには本に書かれている折り方をたくさん経験しておく必要があります。それが基礎練習となります。

——基礎練習はつらくないのか。

基本的には本を見ながら折るのも楽しいです。単調な作業をくり返さなければいけないときにはたまにつらくなりますけど。

——黙々と折り紙を折るモチベーションは何か？

折り紙に王道はありません。ただ自分で深めていくものです。でも、作品を見てもらって「すごい！」と認めてもらうような承認欲求はありますね。

——野球部なら甲子園という目標があるが、折り紙研究部の活動目的は何か？

文化祭での展示が年に唯一の発表の場です。

——個人として将来の夢は？

折り紙で食っていこうとは思いませんが、趣味として続けて、いつかは折り紙の本を出せたらいいなとは思っています。そういう作家さんは何人かいます。

別の中3の部員は、ネットで見つけた折り方をまねて作品をつくっていた。

——オリジナルの作品をつくりたいとは思わないか？

まだ自分で創作するほどの腕はないんです。だからいまはひたすらひとのまねをしています。でもこれをやっていればいつか自分の作品がつくれるようになると確信しています。

つい先日開催された文化祭での展示作品の写真を見せてもらった。すべて一枚の紙を折ってつくられているという。どういうしくみでこんな形になるのか私にはさっぱり想像がつかない。少し複雑なものになると、1つの作品を完成させるのに1週間くらいかかるそうだ。

制約のなかに無限の可能性を見出す

受験勉強で忙しいはずの高3の元部長も、取材対応のためにわざわざ顔を出してくれた。

――どうして折り紙研究部に入ろうと思ったのか。

2012年に有志団体を立ち上げた先輩が、ものすごい作品をつくってしまうひとだったのですが、その弟が僕の同級生にいました。彼から、当時の折り紙同好会の会長になってくれないかと誘われて、「会長」という肩書に引かれて引き受けました。中1で学校の同好会の会長になれるなんてなかなかないことですからね（笑）。

――じゃあもともと折り紙が好きだったわけではない？

伝統の折り紙とかには触れてましたが、特別な趣味にはしていませんでした。

――では、初心者大歓迎?

はい。それを打ち出して勧誘しています。

――初心者にはどうやって指導するのか。

まずは鶴を折らせてみて、その様子を見て、力量にあった折り紙の本を渡して、練習させます。でも今年は経験者が結構入ってきました。小学生のときに僕らの文化祭を見て、折り紙研究部に入りたいと思って入学してくれたそうです。うれしい半面、そうなると初心者にとってはハードルが高くなってしまうという問題もありました。みんながいきなり難しい作品を折っていると、ついていけなくて、嫌になっちゃうんですよね。

――他校との交流は?

2018年に開成の折り紙研究部が中心となって、日本中高生折り紙連盟という団体が発足しました。個人参加者も含めると現在の加盟校は、明石高専・麻布・浦和・開成・開智・川和・慶應・駒東・渋渋・渋幕・世田谷・筑駒・土浦第一・東大寺・白鷗足利・洛南・早稲田などです。関東の高校には折り紙の部活や同好会が結構あるのですが、関西ではまだまだ珍しいですね。

――いままでの活動で印象に残っていることは？

中2の文化祭で鶴を大量に折ったことですね。高度な作品をつくることにモチベーションを感じている熟達者からすれば「そんなことして意味あるの？」という話なんです。でも僕は初心者だったから、量で勝負しようと思って、大量の鶴を折って、それを展示しました。するとと来場者のひとたちにはものすごくウケたんです。折り紙の熟達者と一般のお客さんとでは感動するところが違うということですよね。ですから、折り紙のテクニックが上がったとしても、一般のひとがどんな作品を見たがっているのか、どんな作品に感動するのかという観点は忘れてはいけないと思いました。中3ではカエルを4000匹折りました。あれは大変でした。ギネスブックの記録を超えていたので申請してみたのですが、認められませんでした。いろいろ政治力が必要なようです（笑）。

――折り紙の魅力は何か。

紙って、私たちの身近にあって、当たり前のように毎日大量消費されているじゃないですか。でも、たった一枚で、これだけいろいろなものが表現できて、世界観が広がります。その創造性の豊かさが魅力だと思います。

折り紙研究部の部員の多くが鉄道研究部や電子工作部との兼部をしている。何かをつくり、表現する手段の一つとして折り紙をとらえているようだ。紙を切ったり継ぎ足したりしたら折り紙ではない。あくまでも1枚の正方形の紙を使うという制約のなかに、無限の可能性を見出す。折り紙のロマンがちょっと理解できた気がした。

「甲子園」連覇　強豪・麻布オセロ部と伝説の顧問

東大オセロサークルと合同合宿を行う

麻布には、囲碁部、将棋部、オセロ部、チェス部、バックギャモン部と、ボードゲーム系の部活がいろいろある。いずれも全国にその名をとどろかせる強豪だ。

オセロ部は、2017年、2018年の「オセロ甲子園」で優勝。2019年には大阪府代表の連合チームに3連覇を阻まれたが、単独の高校としてはダントツの強さを誇る。

麻布オセロ部顧問は人類代表

強さの源は、世界チャンピオンに3度輝いたことがあり、日本オセロ連盟での最高段位「九段」をもつ村上健教諭という名物顧問である。しかし、普段の部活で顧問が部員を直接指導することはごくまれ。それが麻布の部活の流儀だ。

放課後にオセロ部の部室をのぞくと、すでに10人ほどの部員がいた。中高合わせて約40人の大所帯だが、放課後の部活に出るかどうかは毎回完全に自由。遅刻も早退もおかまいなしである。

誰が仕切るでもなく、お互いに相手を見つけて対戦する。持ち時間は1人20分。1回の対戦は最長約40分で終わる。試合が終わると、振り返りをする。有段者になると、すべての手を記憶しており、いちから試合を再現できる。

試合を再現しながら、「ここではこういう打ち方があったよね」などと話し合う。これを「検討」とか「感想戦」などという。場合によってはスマホのアプリを用いる。どの局面でどこに石をおくのが有効なのかを数値化してくれる、いわゆる「ＡＩ（人工知能）」だ。これが日々の活動の基本形。

毎年、東大オセロサークルと合同で合宿を実施する。麻布の文化祭には東大オセロサークルが対抗戦に来てくれる。やはり東大生は強いのだそうだ。そこから学べることも多い。そうやって腕を磨き、大小の大会に個人としてエントリーして実績を積む。

しかし普段は基本的にわいわいがやがやオセロを楽しんでいるだけのように見える。それどころか、部活が始まって1時間ちょっとすると、先輩が率先して、オセロとはまったく関係のない、人生ゲームのようなボードゲームを始めた。まるで普通の放課後の教室だ。これが日本最強のオセロ部の実態である。

世界チャンピオンを打ち負かす猛者も

前部長の佐治亭哉さん（高2）はオセロ「五段」の実力者。オセロの醍醐味を「（競技人口が少ないので）努力をすればトップがすぐそこに見える」と語る。

「後輩にはすでに僕でも負けちゃう選手がいます。麻布オセロ部現役生のなかから世界チャンピオンが生まれるのが、僕のひそかな期待です。でも、部として何か目標を掲げるということはありません。『オセロ甲子園』もそれほど重要ではない。それぞれの部員がそれぞれに目的をもって参加してくれればいい。オセロで強くなることを目指す部員もいれば、運営を頑張る部員もいます」（佐治さん）

佐治さんは、麻布オセロ部を「自分がやるべきことを自分で理解して、自分自身を伸ばしていけるひとになれるところ」と評する。佐治さん自身、オセロが強くなっただけでなく、人間関係や組織の動かし方についても多くを学び、社会に出てもやっていける自信が萌芽《ほうが》したという。

佐治さんの個人的な自慢は、2019年8月25日の「日本海オープン」で、世界を5度制した高梨悠介九段を破って優勝したことだ。現在日本でのランキングは20位くらい。ひとまず引退はしたが、「大学に入ったらもっと上を目指します！」と抱負を語ってくれた。

現部長の斉藤耕生さん（高1）は、オセロの楽しさを「絶対的に正しい手がないこと。『なんでこの手が正しいの？』と考えること自体が楽しい」と言う。そしてオセロ部の雰囲気を「先輩と後輩の上下関係がほとんどなくて、常に無礼講。家族みたいな感じ」と表現する。個人としての目標は「後輩に負けないこと」。「中2のときに1個下の伍心宇《ごしんう》くんに負けて、一生でいちばん悔しいくらいの思いをしました。後輩がみんな強いんです」と苦笑いを浮かべる。

囲碁や将棋に比べると競技人口が少ない。オセロ部がある学校も少ない。でも競技人口が増えればうかうかしていられないのではないか。それに対し斉藤さんは「いまのところは楽しく仲良くやって勝てている。できるだけその良さは残していきたい。規則を求めないことがこの部活の伝統だから」と答えた。

部長がまじめにインタビューに答えている横で、噂の伍さん（中3）はスマホでサッカーゲームに興じていた。すでに四段の腕前。次世代麻布オセロ部の期待の星だが、「目標は？」

の質問に、「うーん、正直言うと、オセロ飽きてきちゃったんですよね。僕はガチりません」とさらっと答える。でも、何かやってくれそうな期待を抱かせるオーラをもっている。

人工知能「ロジステロ」との死闘

麻布オセロ部の強さの理由を顧問の村上さんに聞いた。

「部の中に有段者がぞろぞろいるので、先輩と後輩で頻繁に対戦しているだけで日常的にハイレベルな『検討』を行えるということと、他流試合に積極的に参加する文化があるからでしょう。毎週末、いずれかの部員がどこかの大会に出場しています」

さらに続ける。

「序盤の『定石』をたくさん覚えておくことも大事だし、終盤の乗り切り方を『詰めオセロ』で磨いておくことも大切です。負けたら『棋譜』（試合の全手の記録）をもとに敗因を分析します。オセロって、負けるととにかく悔しいんですよ。誰のせいにもできない。負けたのは自分が弱いから。その気持ちが大切です。だから僕は、誰と対戦するときも一切手を抜きません」

実は村上さんには、「オセロ界のレジェンド（伝説）」として語り継がれる大敗北の経験がある。1997年、「世界最強」の称号をほしいままにしていた当時の村上さんは、人工知能「ロジステロ」の挑戦を「人類代表」として受けて立った。

奇しくも同年、人工知能「ディープ・ブルー」がチェスの世界チャンピオンを下したばかり。世界中のメディアが「チェスの敵《かたき》はオセロでとる！」と注目した。

「でも、戦う前から勝ち目がないことはわかっていました。僕はドン・キホーテでした。ただ、これはオセロの戦いではなく、哲学の戦いだと考えました」と村上さん。

人類がオセロでコンピューターに負けるのは時間の問題だった。でも「コンピューターに負ける＝オセロが終わった」ではないことを示すことに意味があり、むしろ「負けた」という歴史を刻むことは、複雑な知的ゲームとしてのオセロの立場を守ることにつながると考えたのだ。

負けてなお、損なわれない価値がある

結果は6戦全敗の完敗。「オセロのチャンピオンの権威を貶《おとし》めて申し訳なかったと言うの

がたぶん正解だったのでしょう。でも僕は謝りませんでした」。それでバッシングも受けた。

しかし現在、人工知能と人類の攻防を語る際、囲碁、将棋、チェスと並んで、村上さんの対戦が「伝説」の一つとして語り継がれている。

1997年のあのとき実は、生まれてまだ歴史も浅かった「オセロ」が、「4大頭脳ゲーム」として東西の古典的ボードゲームと初めて肩を並べたのだ。ただしそのことに世界が気づくには、20年以上の月日が必要だった。つまり村上さんは、20年以上先の手を読んでいたことになる。

負けてバッシングを受け気の遠くなるような月日を経てなお、より大きな目的をひそかに成し遂げる。麻布オセロ部員が日々吸収しているのは、オセロの技術だけでなくその不撓《ふとう》不屈の精神と先を読む力だ。彼らがそのことに気づくのはこれまた数十年後になると思うが。

西大和学園の生徒が模擬国連で学ぶ人心掌握術

模擬国連は知の総合格闘技⁉

西大和学園には、部活とは別に、「特別活動」という課外活動が3種類ある。「スーパーサイエンスハイスクール（SSH）」「アクションイノベーションプログラム（AIP）」そして「模擬国連（MUN）」だ。

SSHはその名の通り、文部科学省のスーパーサイエンスハイスクール指定校としての活動だ。AIPは、文部科学省のスーパーグローバルハイスクール指定校としての活動が終了したため、その後継活動として2019年度からスタートしたもの。「模擬国連」は英語科教員・丸谷貴紀さんなどの発案で、2009年に始まった。

丸谷さんは2008年に西大和学園にやってきた。すでに進学校として有名になっていたが、当時の生徒たちを見ていて、いわゆる受け身の勉強ばかりでなくて、もっと視野を広げて頭を使う活動をさせなければいけないと感じた。そのときに知ったのが模擬国連だった。

「模擬国連は1923年にハーバード大学にて行われ始め、現代世界におけるさまざまな課題について学ぶための先進的な教育プログラムとして、全米の公立中学校・高校にもほどなくして広まっていきました。国連の多様な国際会議を学生が模擬し、各学生が一国の大使として自国の利益を追求することにより、現在の国際情勢を深く多角的に理解し、問題対処能力、交渉能力などを高めていく活動です。模擬国連活動には、リサーチ、会議、レビューの3つの段階があります」(西大和学園ホームページより)

英語力向上が望めることはもちろん、現実の社会情勢についても学べるし、ディベートや交渉の技術も身につく。チームワークやリーダーシップについても体験的に学べる。高校生が学ぶべきことの総力を結集する、いわば「総合格闘技」のような活動だ。

2009年に西大和学園での模擬国連活動がスタートすると、2012年には全国大会で審査員特別賞を受賞し、ニューヨークにおける世界大会でも優秀賞を獲得する快挙を成し遂げた。

ただし、参加校が増加したため近年では全国大会への出場の難易度が上がっている。実は西大和学園もここ数年全国大会への出場を果たせていない。「もっとコンスタントに全国大会に出場できるようにして、関西での模擬国連の中心地だと思われるように発展させていきたい」と丸谷さんは意気込む。

ロールプレイだからこそ本性が表れる

現在の「模擬国連」の幹部4人に話を聞いた。

――なぜ模擬国連の活動に参加しようと思ったのか？

生徒A　自分は三重県の出身なのですが、修行に出るつもりで実家を離れて、下宿しながらこの学校に通っています。せっかくなら勉強以外にも自分がいちばん成長できることに取り組みたいと思って、普通の部活ではなく、特別活動の「ＳＳＨ」か「ＡＩＰ」か「模擬国連」かで迷いました。でも英語が好きだったし、社会に出てからも必要になるだろうと思ったので、模擬国連にしました。

生徒B　私は3歳から8歳までイギリスに住んでいました。中学から西大和に入学して、高校生たちの模擬国連活動に憧れて、自分も入りました。尋ねられた質問に対して堂々と素早く的確に答えるその応答の速さがカッコ良かった。

生徒C　小4の冬から4年間ロサンゼルスに住んでいて、向こうでは西大和学園カリフォルニア校に通っていました。私も「SSH」と「AIP」と「模擬国連」で迷いましたが、国際情勢に興味があったことと、議論が好きなことと、憧れの先輩がいたことが理由で、模擬国連を選びました。

生徒D　中学までインターナショナルスクールに通っていました。そこにも模擬国連に似た活動があって、参加しようか迷ったまま参加せずに後悔していたので、西大和では挑戦しようと思って入りました。

——西大和学園における「特別活動」というのはほとんど部活みたいなものなのですね。

生徒C　はい。部活ではないのですが、「部長」とか「部員」とか言いますし。月・金・土の放課後に活動しています。部員は現在、高1・高2を合わせて30人くらいです。

生徒B　平日の放課後は活動時間が2時間くらいしかないので、調べ物やディベートの練習を行います。土曜日の放課後は3時間30分くらい時間があるので、模擬国連の大会に準じた方式で会議を行ったり、入ってきたばかりの高1への指導を行ったりします。

――模擬国連の醍醐味は何か？

生徒A 自ら会議を引っ張っていきたいひとが多いと思うのですが、やりすぎると反発を食らってうまくいきません。その分、うまく会議をリードできたときの達成感や充実感は大きいですね。模擬国連で得たスキルをほかの場面でも生かせるようになりたいと思います。

生徒C 模擬国連には賞をとるという目的もあるので、いろいろなひとの思惑が結構ごちゃごちゃドロドロするんですよ。そのなかでリーダーシップを発揮するというのはなかなか難しい。それぞれの国のメリットを通さなければいけないし、押しすぎてもだめだし。

生徒B 私はその押したり引いたりというのが苦手なんです。でも一歩引いてみんなのやりとりを見ていると、準備の仕方だとか議論の進め方だとか大事にしている信条だったりとかにそれぞれの個性が表れていて面白いです。自分とはまったく違うどこかの国の大使になるからこそ、そのひと本来の個性が出るのだろうと思うんです。

生徒C 実際にどこかの国の大使という立場になって、国益を背負って真剣に議論をすることで、ニュースを見ているだけではわからない国際社会の力学が手に取るようにわかるのが模擬国連の醍醐味だと思います。

生徒D　私は他校との交流が楽しいです。ガチで模擬国連をやっているひとたちは国際的な条約とかを読み込んでいる量もものすごくて、その知識量に驚かされます。灘とかだとオーラがすごいですよ。「俺らは国連のこと知ってるんや！」みたいな（笑）。

――いま、いちばん気になる社会問題は？

生徒B　私は性差別に関心があります。このまえ、Ｚｏｏｍでネパールのひとがネパールにおける女性差別について講義してくれました。でも、ジェンダー・ギャップ指数ランキングでは、ネパールよりも日本のほうがずっと下だということを知って、びっくりしました。「日本、あり得なくない？」みたいな。

生徒C　なんといってもアメリカ大統領選ですね。毎日アメリカのニュースをチェックしています。なんだかんだ言ってやっぱり世界の覇権国家のトップですから、世界中のひとの生活に関係しますし、模擬国連の前提知識にも大きな影響を与えます。

さすが、人前で話すことには慣れている。質問に対して間髪入れず答えが返ってくるし、他人の話を引き継いで意見を述べるのがうまい。そしてなにしろ成長意欲が非常に高い高校生たちだった。西大和学園の校風がそうさせるのであろう。

論破はゴールじゃない　ラ・サール英語ディベート部

週2回ネーティブ教員が指導

ラ・サールには英語の授業専用の校舎がある。建物そのものは何の変哲もないが、ラジカセから英語のラジオ放送が流されていたり、壁には所狭しと英語のポスターが貼られていたり、一歩足を踏み入れると自然に英語モードのスイッチが入るようになっている。

普段はネーティブの教員たちがそれぞれに工夫を凝らしたユニークな授業を行っているが、この日は放課後に訪れた。英語ディベート部の活動を見学するためだ。

2019年、全国高校英語ディベート連盟（HEnDA）の全国大会では特別賞に輝き、日本高校生パーラメンタリーディベート連盟（HPDU of Japan）の全国大会では、あと一歩で決勝トーナメント進出というところまで駒を進めた。

基本的には週2回、17時から18時30分くらいまで、ネーティブの教員がディベートの指導をする。そのほかの日も生徒たちは自主的に集まってディベートのためのリサーチや作戦会議をする。現在高校生の部員は約20人。中学では同好会扱いだ。部としての歴史は7年と比較的若い。

この日の指導担当はマーティン・ウィリアムスさん。部活が始まると、早速、生徒3人のチームを2組つくり、「Government（賛成）」と「Opposition（反対）」を決める。この日のテーマは「ＣＯＰ25」。２０１9年12月2日から15日までの間、スペインのマドリードで開催されていた「国連気候変動枠組み条約第25回締約国会議」のことである。

英語ディベートの目的は3つ

ディベートの論題は「日本は石炭の使用を中止すべきである」と設定された。これに対して賛成と反対のそれぞれの立場で2組がディベートする。論題が与えられてからディベート開始までの時間は20分間。その間に各チーム内で知識を持ち寄り、ディベートに勝つための作戦を考案する。

　このようにその場で与えられた論題に対して即興で論理を組み立ててディベートに臨むスタイルを「パーラメンタリーディベート」と呼ぶ。一方、1年間のテーマがあらかじめ与えられていて、長期的なスパンでできる限りのリサーチや作戦会議を経てからディベートに臨むスタイルを「アカデミックディベート」と呼ぶ。普段の部活では基本的にパーラメンタリーディベートのスタイルで、本式の競技ルールにのっとって実践練習を重ねる。

　賛成チームの1人めが持ち時間5分間のなかで、「石炭は値段が高いし、エネルギーとして古い。世界各国から日本への印象も悪くなる。環境フレンドリーという観点から、日本は世界への手本を示すべきだ」として「日本は石炭の使用を中止すべきである」という主張に論拠を与える。次に反対チームの1人めが「経済成長のための選択肢はほかにない。海外にお手本を示すというが、具体的にどうすればいいのか」と反論する。

　18世紀のエネルギー革命やバイオマスエネルギーなどのキーワードが飛び交う。全員が決められた順番で発言するディベートの応酬はトータルで約30分になる。もちろんすべて英語であり、ときに適切な英語が出てこずに難儀する場面もある。

ウィリアムスさんとそのほかの部員が審査員だ。審査員の手元にはディベートの進行状況とキーワードやポイントを書き込める用紙がある。そこにメモをとりながら、最終的にどちらのチームが優勢かを判定する。

今回の勝者は賛成チームだった。ウィリアムスさんが理由を述べる。

「ポイントはほかの選択肢があるかどうかだったはず。その点で賛成派の主張に説得力があった。しかしなぜいますぐに変えることが必要なのかという理由についての説明は弱かった。反対チームもそこを突けばいいのに、しなかった」

ディベートが終わると、ウィリアムスさんは「きょうの話に関連する記事です。あとで読んでおいてください」と言って英字新聞のコピーを配布した。小泉進次郎環境大臣がCOP25で批判にさらされたことを伝える記事である。

ウィリアムスさんによれば、英語ディベート部の活動目的は主に3つ。1つは総合的な英語力向上。2つめは自信をもって人前で話すテクニックやクリティカルシンキングといったスキル面の養成。3つめは社会的関心を広めることだ。

ネットが使えないことが大きな不利

前部長で高3の高橋賢司さんと張沢立さんがインタビューに応じてくれた。2人には日本で行われた国際大会に特別枠で出場した経験がある。また、2人とも英語圏での生活経験はないが、英検1級をもっている。

——部の自慢は何か。

張 鹿児島にいながら全国に友達ができることです。英語のレベルではラ・サールは他校に負けていないと思います。

高橋 ディベートを通して、英語でのコミュニケーション力が身につくことはもちろん、ものごとを両側から論理的に考える力が身につきます。この2つの力があれば、他の国や地域の出身者とも同じ地平に立って議論ができるはずです。

——模擬国連には出場しないのか。

張 それはそれで模擬国連同好会という部活があります。もともとは同じ組織だったのですが、活動内容がだいぶ違うので、いまは別組織になっています。

――国際大会に出場してみてどうだったか。

高橋　ハンガリーやタイにも友達ができたのがうれしかったです。いまでもEメールで連絡を取り合っています。日本のほかの高校の友達もできました。筑波大学附属駒場、渋谷教育学園渋谷、東大寺学園、聖光学院などです。受験勉強を頑張って同じ大学で学ぼうと励まし合っています。

――部としての課題は何か。

張　寮に住んでいると、部員同士で活発に意見交換ができることが強みなのですが、一方で、インターネットが使えないという点が大きなデメリットです。特にアカデミックディベートではあらかじめ決められたテーマに対して下調べをして、どれだけ資料を集められたのかが、大きく戦い方を左右します。

高橋　普通の高校生はパソコンやスマホで好きなときに好きなだけインターネットに接続して、必要な情報をいくらでも調べることができますが、僕たちにはそれができません。図書館で本を借りるか、学校のPCルームでインターネットに接続するしかありません。他校の生徒と連絡しようにも手段が限られるのが悩みの種です。

――将来はどういう方向に進むつもりか。

張 僕は理系で、工学系に進もうと思っています。技術開発でイノベーションを起こし、国際協力に貢献したいと思っています。

高橋 国際大会に出場したときにリビア系のイギリス人と友達になりました。彼が「戦争をなくしたい」と切実に訴えていたのがとても印象的でした。僕は将来、国連や国際的なNGO（非政府組織）に勤めて世界中のひとたちが同じ立場で議論ができるように教育を増大する活動をしていきたいと思います。国際的な議論をするには英語が話せることが大前提だと思っています。

「将来は世界で活躍できるひとになりたい」と言う張さんと高橋さんの目が澄んでいた。連絡の手段は限られるものの、他校の生徒とのつながりをもてたことを本当にうれしそうに、誇らしそうに語っていた。彼らが身につけているのは相手を打ち負かすためのディベート術ではない。さまざまな事柄にさまざまな立場の見解があり、それぞれの意見に理由があることを理解する術《すべ》を身につけているのである。

第　2　章

行　事

中高つなぐ熱い体験　「開成人」は運動会で磨かれる

ニューヨーク・タイムズも注目

開成といえば運動会。運動会といえば開成。運動会なしに開成は語れない。面識のない開成のＯＢ同士は「△年卒の○色です」と自己紹介するとよくいわれる。「○色」というのは高2、高3の運動会でのチームの色だ。紫、白、青、緑、橙《だいだい》、黄、赤、黒の8色がある。ＯＢに聞くと「そんなこといつも言うわけじゃないよ!」と否定されるが、それくらいに運動会が開成生のアイデンティティーになっているという逸話ではある。

特に高3の棒倒しは運動会のクライマックスだ。その様子は「The Organized Chaos of Botaoshi, Japan's Wildest Game（ニッポンの荒々しい競技「棒倒し」の組織化されたカオス）」のタイトルで、２０１８年8月26日の米紙ニューヨーク・タイムズ日曜版でも紹介された。

棒倒しは、かつて多くの男子校で行われていたが、危険であるとして中止されてしまったケースも少なくない。ところが、開成では競技としての勇猛さを損なわず、かつ安全を最大限に確保するための知恵が毎年のように更新され、代々引き継がれている。その集大成が100ページにもおよぶルールブックである。

時代とともにルールが進化し、それにともない作戦も進化する。ニューヨーク・タイムズの記事は、その様子をアメリカンフットボールの進化になぞらえて説明していた。安全面に配慮しながらルール改定をくり返すなかで、競技としても進化し、作戦も変化していく。開成の棒倒しも独自の進化を遂げている。現在では攻撃、遊撃、迎撃、サードというポジションに分かれ、アメリカンフットボール並みの緻密な作戦のもとに試合が進められる。

リレーなど学年をまたぐ種目もいくつかあるが、基本的に各学年で1つの競技を行う。中1は「馬上鉢巻取り」、中2は「綱取り」、中3は「俵取り」、高1は「騎馬戦」、そして高2と高3が「棒倒し」だ。競技はそれぞれ8チームのトーナメント戦で競われる。高3の棒倒しでは1位から8位まで順位を決めるので、総競技時間は2時間にもおよぶ。

開成の運動会は、毎年「母の日」（5月の第2日曜日）に開く。その日に備える放課後練習は1学期の始業直後から始まる。高3の先輩が毎年、各学年の後輩を熱血指導するのだ。緻密な作戦を実行するため、放課後に作戦会議と練習をくり返す。練習風景は動画に撮り、改善点を見つける。年に1度の競技のために部活以上の気合いで取り組む。

いつごろからこれほど熱心に取り組むようになったのか。卒業して30年ほどのOBに聞いてみると、動画による分析や敵チームの偵察は、当時からしていたという。「昔はダンゴというポジションがあって……」と作戦を語り出すと止まらない。「2時間は話せますよ」と笑う。

つい数カ月前まで受験勉強に明け暮れていた中1生たちは、先輩たちのあまりの気迫に度肝を抜かれる。「聞いてはいたが、ここまで激しいのか……」。連日の放課後練習でヘトヘト。運動会が終わるまでは部活への参加も許されない。

そんな熱い関わりのなかで、中1生たちは高3の先輩たちにあこがれを抱くようになる。兄弟のような信頼関係で結ばれる。そうして彼らは「開成に入る」のではなく、「開成の一部になる」のだ。

運動会の前日、「学生ホール」と呼ばれる食堂をのぞくと、中学生たちが運動会のパンフレットを読みふけっていた。チームの色ごとに作った立派な文集で、本番での奮闘を促す熱い言葉が並んでいる。最終ページには、高3の先輩たちが後輩一人一人に向けた手書きのメッセージを書き込んで渡すのが習わしだ。そのメッセージをうれしそうに読んでいたわけである。

勝っても、負けても「号泣」

当日は朝7時の開場時点で見学者の長い列ができる。保護者はもちろん、受験生親子の姿も多い。近年では「開成の運動会を見に行ったのですが、あまりの人混みで競技はほとんど見られませんでした」という受験生保護者の声も多い。ただ、入学を考えるのなら、あの雰囲気だけでも肌で感じておいたほうがいい。

各組の応援席には「アーチ」と呼ばれる巨大な壁画が掲げられ、チームカラーをアピールする。「エール」と呼ばれる応援歌も、組ごとに生徒たちが作詞・作曲する。アーチとエールのできばえも、来場者の投票で審査される。

チームの一人一人が自分に課された作戦上の役割を100%果たすことが求められ、負けて号泣、勝っても号泣の真剣勝負がくり広げられる。競技後の様子は、まるで部活の引退試合のあとのようでもある。

当日の熱狂は、実は「開成の運動会」の氷山の一角に過ぎない。本質は当日以外の364日にあるといっても過言ではない。次年度の運動会に向けた準備がすぐに始まるからだ。核となるのが「運動会審議会」「審判団」「運動会準備委員会」の3つの組織だ。それぞれ立法、司法、行政のような役割で、準備委員会の委員長は生徒の選挙で決まる。

1年かけて中高合わせて2100人もの生徒一人一人に役割が与えられ、それぞれに個性を発揮しながら、一丸となっていく。それを毎年くり返す。まるで巨大な有機体が、新陳代謝をくり返すかのように。

そのダイナミズムこそ開成の運動会の本質であり、だからこそ開成の運動会は進化し続けているわけである。その躍動は文字では伝えられない。先輩から後輩へと生身の身体を通じて継承される無形の財産なのだ。

「仮に3年間、運動会を実施できなくなったら、この文化は途絶えるでしょうね」というのは清水哲男教諭。創立150周年記念事業では、グラウンドに新校舎を建てる案も出たが、運動会ができなくなるのはあり得ないという判断から早々に消えたという。

柳沢幸雄校長（当時）は、開成を「個人としてだけでなく、集団のなかでたくましさを発揮できる大人に育つ学校」と説明する。運動会を見学するときには競技中の選手だけでなく、審判団や衛生係、その他の運営スタッフの活躍にも目を向けてほしい。そうすれば、柳沢さんの言葉の意味がわかるはずだ。

冬の六甲山踏破し「いい湯だな」　甲陽学院変わる伝統行事

六甲山は「学校の裏山」みたいなもの

甲陽の伝統行事の一つに「耐寒登山」がある。２月の真冬に高校生たちが六甲山を登る。夏に登山をしたり、秋に強歩大会を開催したりという学校はよくあるが、標高９３１メートルとはいえ、冬の登山である。

小説『浜風受くる日々に』（風見梢太郎著、新日本出版社）は１９６４年から１９６６年の甲陽が舞台で、この耐寒登山が重要な場面として描かれる。小便をしようとしてコースを外れた生徒が道に迷い、死すら意識する緊迫したシーンがある。

定かではないが、1960年前後に始まったとされている。かつては「耐寒訓練」と呼ばれていた。極寒期に身体を鍛えるため、1週間にわたって校庭を走り、その勢いで最終日に登山するのがお決まりだった。いまではその登山だけが受け継がれている。

高校が甲子園にあったときには、山の麓で集合し、そこからスタートした。1978年に高校が六甲山の麓に移転してからは、学校をスタートして、学校に戻るルートになった。1990年にルート変更。学校をスタートして有馬温泉へ抜け、現地解散となった。

学校としてもさぞかし気合を入れて取り組むのだろうと思いきや、自らも甲陽出身の今西昭校長は「いやあ、そんなに珍しいですか?」と笑う。距離にして十数キロ。朝9時にスタートして15時にはほぼ全員がゴールする。天気さえ良ければさほどつらい行事ではないらしい。教員が撮った写真を見せてもらうと、たしかに生徒たちは割と軽装で、みんな笑顔で余裕がある。やや拍子抜けではある。

「六甲山というのは、私たちにはとても身近な山なんです。ただ、毎日のように眺めている山でも、ちょっと上のほうまで登っていくと、真冬には一面の銀世界になっています。日常と非日常が隣り合っていることを感じるいい経験だとは思います」（今西さん、以下同）

ゴールの後は有馬温泉で「いい湯だな」

生徒会と体育科の共催の形で行われる。事前に登山委員が下見に行く。

「耐寒登山の下見は公休になりますので、昔は希望者が殺到したものです。堂々と授業をサボれるわけですからね（笑）。でも最近は希望者が減りましたね。授業を受けられなかったら困ると、本人が言うのか、親が言うのかわかりませんけれど……」

さすがに受験を控えた高3は参加しない。6人程度の班を編成し、班単位で登山する。ゴールまでの間に数カ所の「関門」が設けられ、通過時間の幅が設定されている。関門には登山委員の生徒と教員がいて、各グループの通過時間を記録する。

全行程を踏破する時間によって優勝グループが決まる。ただし、速ければいいというわけではない。「シークレット・タイム」という秘密の時間があらかじめ決められており、それにいちばん近いタイムでゴールしたグループが後日表彰されるのだ。

ゲーム的な意味合いだけではない。シークレット・タイムは例年の平均ゴール時間を参考にしており、これが各グループのペースメーカーの役割も果たす。近年では、ゴールした後、有馬温泉の日帰り風呂で冷えた身体を温めてから帰路につく生徒や教員も多い。

「ちょっと前に、登山の途中で体調を崩した生徒がいました。リタイアして学校に戻ろうと促したのですが、どうしてもゴールまで行きたいというんです。聞けば、友達といっしょに有馬温泉の宿を予約しているんだとか。近年ではそうやって、有馬温泉に一泊するのを〝伝統〟という生徒たちもいるんですよ。伝統でもなんでもないんですけどね。そもそも有馬温泉の宿って決して安くはないですよね。親御さんがお金を出しているんでしょうけれど……」

〝なんでもあり〟の甲陽らしいといえば、甲陽らしい。

「いまでは考えられないことですが、1970年代には山の中で酒盛りをする生徒もいましたね。同じころ、引率するはずの教員が途中でエスケープして帰ってしまったこともある。もともとそんなに緊迫した行事ではありませんでした。でもやっぱり、体力に自信のない生徒には苦行でしょう。ですから昔は結構欠席する生徒もいたんですよ」

体力的にしんどいのか、単にかったるいだけか、いずれにしてもズル休みである。

行事に積極的すぎる生徒に感じる一抹の不安

「でも、最近はこういう行事にも積極的に参加する生徒が増えました。うちの学校だけではなくて、よその学校の先生からもそう聞きますから、いまの世相でしょう。それはとてもいいことなんですけれど、一方で気になることもあります。昔の生徒たちに比べると、いまの生徒たちのなかにはときどき過剰に学校が好きであるように見える生徒もいるんです」

行事に積極的に参加すること、学校が好きであることの何が悪いのか。

「非常にうがった見方なのですが、『学校が好きだ』と自分に過剰なまでに思い込ませている部分があるんじゃないかと心配になることがあるんです。心の中の何かを覆い隠すために無意識の抑圧を行っているのだとしたら、それは見過ごしてはいけないはずなんです。いや、こんなこと、非常に個人的な心配事で、職員室でも話さないんですけれど……」

苦しかった中学受験勉強の反動として、その結果得られた「甲陽生」という〝身分〟に過剰に適応しようとしているのではないかという心配だ。裏を返せば、「甲陽生」というブランドを外したら、自分には価値がないと思ってしまっている生徒がいるのではないかということだ。

これは甲陽に限った話ではない。しかも子どもだけではなく、保護者にもその傾向が見られる。親がわが子の通う学校のファンになることはいいことだ。しかし親が、子ども本人よりも子どもが通っている学校のブランドを誇るようになってしまったら本末転倒だ。

そんな状況では子どもは、親が自分を誇ってくれて愛してくれるのは、自分が自分だからなのか、〝いい学校〟に通っているからなのか、わからなくなる。不安な子どもは、ますます学校のブランドにすがる。学歴へのプライドは高いが自尊感情が低い人間のできあがりだ。

それほどまでに中学受験勉強が過酷化し、かつ、親子の密着を招いていることを、今西さんは心配している。

ものごとの表面だけを見て、「最近の生徒たちは行事にも積極的に参加してくれるいい子たちです。親御さんたちも学校のファンになってくれて、文化祭や運動会にもたくさん参加してくれます」と言っておけば、校長としては100点満点のはずである。しかし今西さんは違う。常に自分たちの置かれた状況をクリティカルに見ようとする態度そのものに、甲陽育ちの気骨を見た。

相次いだ不祥事も教材に　名門麻布は失敗に学ぶ

入学式の2日前に火事

自由な校風で知られる麻布。それだけに、自由と勝手を取り違えたトラブルも多い。しかし平秀明校長は「問題を起こしてからが本当の教育」と常々訴えている。トラブルをどう生かすのか。

2019年4月6日、麻布の地下室で火事が発生した。消防車が出動し、その日の夜のニュースでは平さんが記者会見をする姿が映し出された。原因は文化祭実行委員会の一部メンバーによる火遊びだった。入学式の2日前に学校が火事になるのだから、新入生の親子はさぞかしびっくりしたことだろう。

文化祭の開催は延期され、結局6月中旬に開催された。このとき学校内でどのような話し合いがもたれ、どのような危機感が共有され、どのように教育に生かされたのか、平さんに聞いた。

事件を受けて、学校は文化祭の延期を決定した。不祥事を起こした文化祭実行委員会も活動停止に追い込まれた。そのまま無期延期となり、文化祭が実施できないのではないかとの見方もあった。

本来であれば文化祭が開催されているはずだった4月27日に、全校集会が開かれた。まず各クラスで話し合いがもたれた。その後、中3から高2の生徒は講堂に集まり、話し合いを続けた。当然文化祭実行委員会への批判が多かった。また、主に文化系の部活の立場から、展示の機会がなくなるのは困るとの訴えもあった。さらには自治権を教員に「大政奉還」したらどうかという極論まで出た。

「その様子を中1・中2は教室で放送により聞いていたのですが、途中でいたたまれなくなったのか、50人くらいの中1が講堂になだれ込んできて、先輩たちの前で自分の意見を言う子もいました」（平さん）

そこから急いで新しい文化祭実行委員会を組織し直して、なんとか6月中旬の開催にこぎつけた。

麻布において、文化祭や運動会にまつわる不祥事はこのときが初めてではない。2013年には運動会実行委員会の不祥事が多数発覚し、運動会が中止された。そのときも、運動会が実施されるはずだったその日に、全校集会が開かれて、麻布の自治についての話し合いがもたれた。

不祥事のオンパレード!?

平さんは、麻布学園が発行した『麻布学園20年の記録 1995－2014』という学校史を持ち出して「ここに不祥事のオンパレードが載ってるんですよ」と苦笑い。以下、不名誉な記録の要点を抜粋する。

2002年、文化祭実行委員会のメンバーが、近隣の有栖川宮記念公園で不祥事。各自治団体は、「一度失われた自由はたやすくは取り戻せない。しかし、我々には先輩方が100年の時間をかけて今まで創《つく》りあげてきた自由の歴史がある。それを断ち切るわけにはいかない。未来へとつなげる義務があるのだ」と文書で表明した。

　2005年、文化祭で調理・販売されていた「豚丼」が原因で、集団食中毒が起きた。衛生観念の低さが直接の原因だった。その後数年間、文化祭や運動会での調理は自粛された。一方で、文化祭自体が入場者数至上主義や売上至上主義に陥っていることも指摘された。

　2006年、校長を座長とする「危機管理会議」が設置され、緊張感漂うなかで文化祭が開催された。無事に終了したに見えたが、後日、約30万円もの不明金の存在が明らかになった。7月には運動会実行委員会メンバーの集団飲酒が発覚する。このころから「麻布の自治の危機」が本格的に叫ばれるようになる。

　2007年、「当選したら運動会は開催しない」を公約に掲げる生徒が運動会実行委員会の選挙に立候補した。結局この候補は落選するが、皮肉なことに、当選した運動会実行委員らによる飲酒が発覚し、結局運動会は中止になった。

　その後の職員会議では、運動会実行委員会と文化祭実行委員会の両委員会に構造的な問題があることが指摘された。メンバーが固定化し、内輪ノリが見られ、一種の「特権階級意識」をもっているのではないかという指摘だ。権力腐敗そのものである。まるで社会の縮図を見ているようだ。

2008年、運動会実行委員会のメンバーが校内で窃盗事件。とうとう教員主導で運動会を行うことを学校側が決定した。麻布の歴史において、これはある意味「中止」よりも重い通告だった。

2012年、次年度の文化祭に向けて、従来の文化祭実行委員会の系譜を受け継がない改革派の文化祭実行委員長・会計局長が立候補し、当選した。要するに政権交代だ。しかし守旧派メンバーがこれまでのノウハウの引き継ぎを拒否。しかもリコール運動を起こした。元与党による新政権への嫌がらせである。結局リコール運動は棄却されたが、文化祭・運動会の両実行委員の組織運営の構造的課題が露呈した。

その結果、守旧派との対立は2013年の文化祭当日まで続き、中庭ステージでは混乱も生じた。さらにこの年の運動会も不祥事の発覚によって中止されたことは前述の通り。

これを受け、生徒側と学校側での白熱した議論が展開され、文化祭実行委員会・運動会実行委員会のメンバー選出の制度が大きく変更された。これまでの直接選挙ではなく、クラスごとに選出された執行委員が委員長を選出する形になった。いわば大統領制から議院内閣制への移行である。

6年周期で運動会が中止⁉

「2007年、2013年と6年の間をおいて運動会が中止になる大問題が起こっています。ちょうど生徒が入れ替わると起こるのかなとも思う」（平さん）

教員たちの憤りは、2008年の教員主導運動会実施に際して職員会議の名で発せられた以下の文書に見てとれる。

「今回の不祥事を知り、われわれ教員は驚き、あきれ、打ちのめされた。そして、またしても（！）遺憾の意を表明せざるをえない。（中略）われわれ教員は、この間の指導のいたらなさを痛感し、猛省している。生徒諸君にも、再度猛省を促したい。生徒・教員ともども、麻布学園にかかわるすべての者が、根本的な出直しを覚悟せねばなるまい」

「問題を起こしてからが本当の教育」とはいうが、そのためには根気も時間も必要なのだ。でも麻布の教育の真骨頂がここにある。不祥事を、単なる「困ったこと」としてフタをするのではなく、積極的に生徒たちが学ぶための「教材」にして、真正面から向き合うのだ。

「この数年は全体的には良くなってきていると認識しています。しかし、2018年には、運動会実行委員会が規約にのっとらない形で発足し、問題化しました。そこでまたしても教員主導の運動会に切り替えました」（平さん、以下同）

企画も、パンフレット作成も、招集誘導も、審判も、ぜんぶ教員がやった。

「そうしたら、生徒たちはむしろ喜々として教員の言うことを聞いていて、ちょっとがっかりしちゃいました。そういう意図ではないのですが……」

不祥事は困るが、元気がなくなってしまうのでは意味がない。

「失敗の反対は成功ではありません。挑戦した結果であるという意味では失敗も成功も同じです。麻布の自由は何のためにあるかといえば、挑戦するための自由だと思っています。生徒たちには、失敗に萎縮しないで、失敗から学び、挑戦し続けてほしいと思います」

6年周期のジンクスを跳ね返し、2019年の運動会は無事開催された。

日本一の高みへ！　西大和学園「富士山頂」への執念

中2で全員が富士山に登る理由

奈良県の西大和学園は、創立してまだ三十数年しか経っていない。しかし2010年には京大合格者数で全国1位になり、2020年には東大に53人の合格者を出した。全国では11位、西日本の高校に限れば2位である。

開校当初からの伝統行事がある。富士登山だ。その心は「日本でいちばん高いところを目指す」。生徒に日本一高いところを目指させるだけではなく、学校として日本一を目指すという意思表示だった。

例年、中2の7月に3泊4日の日程で行われる。初日は学校から富士山麓までバスで移動しホテルで1泊。2日目に五合目から登山を開始し、七合目の山小屋で1泊。3日目の未明から頂上にアタックする。麓で1泊して疲れを癒やしてから学校に帰る。毎年ほとんどの生

西大和学園は日本一の高みを目指す（写真提供：西大和学園）

徒が頂上到達の目標を達成する。

しかし2016年には不運が襲った。雨が降ったりやんだりする状況が続き、そのため生徒たちの体力消耗は激しかった。ようやく九合目近くまで来たときに雨が強まり、経験豊富なガイドが下山を判断した。

「生徒たちの表情は、『マジですか?』と、泣きそうな感じでしたよね。なかにはまだ体力に余裕がある生徒もいました。彼らは登頂できたと思います。でも200人を超える人数で無理をすれば、誰かが低体温症や高山病になるかもしれない。苦渋の決断でした」と学年部長の藤岡正悟さんはその瞬間を振り返る。

中途半端な状態で終わっていいのか?

直後の学年通信に、ある生徒の作文が掲載されていた。引用する。

「ザザザザッ。」

雨音だけが聞こえている。と、思えば晴れ渡ったりする。そんなグランドライン(註:漫画『ワンピース』に出てくる航路のこと)の様な気候の中で共通点がある。晴雨両方、あまりみんなの喋り声が聞こえてこない。皆の疲労がうかがえる中、ガイドさんの声が聞こえた。

「今から下山しましょう」

と。そして、記念のために焼き印押しませんかと。正直、その時の私は、そんなの負け惜しみだと思った。他の人も同意見なのか、時折腹立たしい表情を浮かべていた。

しかし、それはすごく大人な判断だと考えを改めた。冒頭にもあるが、皆の疲労状況や、天候を考えればもう限界であるということは自明である。そこを、私は子どもな考えで強がっていたのだ。また、悔しいのは私もだが、もっと悔しいのは先生方だということも知った。いつもは優しい藤岡先生の表情が違うのだ。でも、怒っているということではなく、なにか、必死に押さえている涙があると思わせた。

その、大人の苦渋の決断で、もしかしたら負傷者が一人減っていたかもしれない。

私が大人になる時には、このような決断も頭に入れておけるような人になりたいと思った。

「『行けるやろ!』という生徒もいましたし、僕自身もそう思っていましたが、冷静にまわりを見てみると結構しんどそうな友達もいました」と言うのは、作文の筆者で現在高3になった米田健人さんだ。

下山してから藤岡さんは「残念だったけど、君たちは2番目に高い山の山頂よりは高いところまで到達したんだぞ」と生徒たちに話した。慰めのように思えるかもしれないが、違う。明確に焚き付ける意図があった。「このまま中途半端な状態で終わっていいのか?」と。

挫折のあとの成功体験は格別

思惑通り、生徒たちからは「もう一度挑戦したい」という声が聞かれた。保護者からも要望が出た。中3に進級するタイミングで、8月に「リベンジ富士登山」を実施することが正式に発表された。希望者制だったが約7割が参加表明した。藤岡さんの予想を上回る数だった。米田さんももちろん参加した。

「失敗は許されませんでしたから、過去の天候データを調べて、最も雨に降られない日程を選びました。五合目に滞在する時間も多くして、高度順応に時間をかけました。もう一度挑戦しようとする彼らの気概に応えて、普段の富士登山とは違う体験にしてやろうと思いました。それで、おそろいのタオルマフラーを用意したり、お鉢巡り（登頂後に火口の周囲をめぐること）を行程に加えたりもしました」と藤岡さん。

絶好の登山日和だった。「天気が良かったので、体力的にはかなり余裕がありました。九合目あたりでご来光もきれいに見えましたし、山頂で食べたカップラーメンはとてもおいしく感じました。例年の富士登山では行われないお鉢巡りもできて、『日本一高いところってこんな感じなんやなぁ』なんて感慨に浸ることができました」と米田さん。

見事、雪辱を果たした。中２のときには悔しい思いをしたが、その分、挫折を乗り越えての成功体験が格別であることを、この学年の生徒たちは身をもって学ぶことができた。登頂をあきらめたのは一種の挫折であったが、リベンジを果たしたことで、むしろ最高の成功体験を味わうことができたといえる。

「彼らはいま高３になっていますが、この学年は、目標に対して妥協しないし、少々の苦難には文句を言いません。リベンジ富士登山の効能かもしれません」と藤岡さん。この学年が２０２１年の春にどんな大学合格実績を残すのか、いまから楽しみだ。

筑駒生が文化祭で学ぶ裏方としてのリーダーシップ

音楽祭、体育祭、文化祭が３大行事

筑駒には３大行事がある。６月の音楽祭、９月の体育祭、11月の文化祭だ。

音楽祭は、クラス対抗の真剣勝負で行われる合唱コンクール。時期的にも「クラスの団結を強める機会」とある生徒は言う。筑駒は男子校。男子100%の歌声が、昭和女子大学人見記念講堂に響き渡る。

体育祭は2日間にわたって開催される。中学は縦割り3色、高校は縦割り4色でのチーム対抗。生徒たちの頭髪は、各チームカラーに染まる。グラウンドや体育館など複数の会場で複数競技が同時並行で行われるいわゆる「オリンピック形式」で実施されるのが特徴だ。

部外者も参加できるのが文化祭だ。3日間で1万6000人ほどが訪れる。クラスや部活単位で「デコ（デコレーションの略）」と呼ばれる企画を発表する。高2までは各クラスで1つのデコを出すのがマスト。リニアモーターカーの展示をしたり、Eテレの知育番組「ピタゴラスイッチ」に登場するような大がかりな装置を制作したり、模擬カジノを開催したり、脱出ゲームをしたり、演劇や映画を披露したりする。デコは審査の対象とされ、優秀賞などが表彰される。

高3だけは役割が違う。「ステージ」「コント」「演劇」「食品」「喫茶」「縁日」の6班に分かれ、文化祭をトータルプロデュースする。簡単にいえば、「演劇」「コント」「ステージ」

は文化祭を盛り上げてお客さんを増やす部門、「食品」「喫茶」「縁日」はお金を稼ぐ部門だ。「ステージ」は、テレビ番組でいえばバラエティーみたいなもの。「ミス筑駒」は男子校の文化祭の鉄板ネタだ。「コント」はお笑い番組。「演劇」はドラマだ。筑駒きってのエンターテイナーたちが会場を沸かす。

「食品」は、いわば買い食いコーナー。カレー、クレープ、タピオカなど、毎年内容は変わるが、女子高生のニーズは外せない。「喫茶」では、パンケーキやフレンチトースト、スープなどの食事が出される。「縁日」には、射的、UFOキャッチャー、音ゲー（リズムに合わせて体を動かすゲーム）などがある。UFOキャッチャーや音ゲーは生徒の自作。あまりのレベルの高さに、「筑駒の文化祭。これ生徒が自分たちでつくっちゃったんだって。筑駒ハンパねー」というようなコメントがSNS（交流サイト）で毎年のように見られる。

文化祭での高3生の活躍に憧れて筑駒を目指すと決める中学受験生も多い。

文実委員長のサーバントリーダーシップ

文化祭を裏方として支えるのが、高2を最高学年として組織される文化祭実行委員会（以下、文実）のメンバーだ。筑駒では、文実メンバーはあくまでも裏方であり、表に出て目立つようなことは少ない。しかし一大イベントを取り仕切るとあって、筑駒で一目も二目も置かれる存在だ。

2019年度の文化祭が終わった直後、委員長の斎藤蓮さん（以下、委員長）、副委員長の小林央空さん（以下、副委員長）、電力・器材部門長の八尾駿輝さん（以下、部門長）の3人に、筑駒の文化祭の裏話を聞いた。

――文実の主な役割は何か。

委員長　基本的には文化祭当日までの各デコのスケジュール管理です。あと重要なのは当日のタイムテーブルづくり。ほかにもホームページを制作したり、パンフレットを用意したりという準備も必要です。

――委員長になるための選挙活動みたいなこともあるんですか？

部門長　そういう政治的な動きは自治会のほうでやっています。各行事の委員会はどちらかといえば官僚機構的な性格が強いので、低学年から続いてきた組織の中から順当に幹部が決まっていきます。

――自治会が永田町で各実行委員会は霞が関なんですね（笑）。2019年度の委員長として大切にしたことは何か。

委員長 文実のみんなが笑って仕事ができて、最後に「やって良かった」と思ってくれたらいいかなと思っていました。

副委員長 横で見ていて、それは実際成功していたと思います。リーダーがカリカリしてしまうと、人間関係がギスギスしてしまうことがあるので。

――立派なリーダーシップですね。

部門長 膨大な仕事を1人で一気に片付けちゃうスーパーマンみたいな委員長もいるし、「これはこうやって」「あれはこうして」ってクールにテキパキ仕切る委員長もいるし、いろんなタイプのリーダーがいるよね。

――毎年のリーダーがそれぞれのキャラを生かして組織を回していくんですね。

委員長 基本的に筑駒の文実は「主役」になっちゃいけないんですよ。あくまでも縁の下の力持ち。高圧的なひとはダメだし、ルールで縛るのもダメ。どうすれば気持ちよくひとが動いてくれるかを考えられるひとでなければいけません。

ＩＴ化促進で「働き方改革」実施中

――昔聞いたことがあるんですが、電力部門って職人芸的なところがあるんですよね。

部門長　はい。学校で使用できる電力は限られているので、デコごとにいつどれだけの電力を使うかを申請させて、それを5分単位で合計して、ブレーカーが落ちないように3日間のタイムテーブルを調整します。どこかのデコが勝手に時間をずらしちゃったりすると、落ちちゃうときは落ちちゃうんですが、ここ数年は一度も落ちていません。

副委員長　あれは神業だよね。

――筑駒の文実の自慢は何か。

部門長　実行委員の人数が少ないことじゃないですかね。高校生が24人、中学生が18人。それだけで運営しています。ポイントポイントで作業を手伝ってくれる付属委員というのはもっとたくさんいるんですが。

委員長　その分仕事が多くてめちゃめちゃきついですけど（笑）。徹夜とかにならないように、そこは年々改善しなきゃいけないポイントです。パソコンなどを使うようになって、全体的には仕事量が減っている傾向にはありますが。

副委員長 最近は普通に眠れるようにはなってきているよね。部門長はすごく仕事ができるから、徹夜なんてほとんどしていないし。

文化祭でプログラミング技術習得

――もともと「ブラック企業体質」だったけど、ＩＴ化を進めることで働き方改革が進んでいるということですね。

副委員長 でも広報部門は、使える技術が増えたために、仕事量が増えています（笑）。僕は高1の9月に初めて自分のパソコンを買って、そこから（サイト作成に使う）ＨＴＭＬの書き方の書籍を買って、独学でイチからホームページのつくり方を覚えました。だからめちゃめちゃキツかった……。

――それは一般企業でも起きていることかもしれませんね。ＩＴ化によって仕事は簡略化できているはずなのに、逆に新しい仕事も増えたという。

副委員長　でもそれを選択したのは僕なんですよ。それには結構理由があって……。それまでも文実に関わっていて、やりがいは感じられるんですよ。それだけで十分やる意味がある。でもどうせこれだけの時間と労力をかけるなら、それを通じて自分としても何か将来性のあるスキルを身につけたいと思ったんです。

――自分のスキルアップの機会として文実の活動を活用したわけですね。

副委員長　プログラミングを独学でやろうと思っても続かないじゃないですか。でも逆に、追い込まれれば、絶対にどうにかなるんですよ。

――変化の激しい時代だから新しいことを学び続けなければいけないといわれていますが、自分で機会をつくって、その機会によって自分を変えていくというその気概があれば、どんな時代になっても大丈夫そうですよね。

副委員長　いま大人たちが「やっておけ」と言うことすらすでに古い可能性が高いですからね（笑）。

サーバントリーダーシップ（他者に奉仕するタイプの指導力）、働き方改革、新しいスキルの獲得……。高校生でもここまでできるのである。大人も言い訳していられない。

人生を学ぶ35キロ　ラ・サール名物「桜島一周遠行」

体力に自信のない生徒には試練

2学期の期末テストが終わったあと、冬休みに入る前に、ラ・サールの中1から高2の全生徒は毎年「桜島一周遠行」に参加する。日々学校から仰ぐ桜島の1周約35キロを歩くのだ。ラ・サールの卒業生たちが懐かしむ名物行事である。今回、私もいっしょに歩いた。

桜島一周が初めて行われたのは1969年。もともとは夜間に歩く行事だった。高3の希望者が参加して夜を徹して歩いたのち、その足で模試会場へ向かったという武勇伝もある。

しかしその後、島の夜間交通量が増え、それにともなう事故も起きたため、1993年から日中に歩くようになった。桜島の火山活動が活発なときはやむなくコースを変えることもある。

ラ・サール名物の桜島一周遠行

行事の目的は「体力・精神力の強化向上を図る」「自然への関心や理解を深める」の2つ。谷口哲生副校長は、「地震などで交通機関が止まってもある程度の距離なら歩いて移動することができるという自信も身につくはず」と言う。

競争ではないが、順位は出る。生徒たちに配られるプリントには、「1時間5～6kmのペースで5時間30分～6時間30分で踏破することを標準とする」とある。最も速い生徒で3時間ほど、最も遅い生徒は8時間弱かかる。

朝、学年ごとに15分ずつ時間をずらして鹿児島港のフェリー乗り場前で集合する。

寮の生徒たちは港まで貸し切りバスで移動。自宅生はおのおの港までやってくる。

保護者の車から降りてきた中1に気分を聞くと、「テストが終わってすぐにこれは疲れますね」と早くもため息。テスト勉強を頑張ったのだろう。別の中1は「普段ぜんぜん運動をしないので、自信がありません。できれば参加したくないです」とぼやく。初めて参加する中1が不安なのは仕方ない。

フェリーでの移動時間は約15分。フェリーを降りるとそのまま隊列を組んで歩き出す。中1のスタートは8時10分、その後15分おきに中2・中3、高1、高2の順番で歩き始める。私は中2・中3といっしょにスタートした。

猛者たちは一気に走る

最初の1・4キロは追い越し禁止で列を崩してはいけないが、その後、猛者は走り出す。要所要所に教員が立ち、旗を振る。20人ほどの教員は生徒たちといっしょに歩く。各学年の最後尾には必ず教員が付いて、励ましながらいっしょに歩く。

歩き始めて20分ほどすると、目がゴロゴロして、口の中がざらざらしてきた。火山灰だ。

しかしそれにも次第に慣れる。海沿いの道はすがすがしい。

潮の香りを乗せた向かい風が、少々強い。赤いジャージの生徒が私の脇を駆け抜けていった。私より15分以上あとにスタートした高校生だろう。追い越しざま、彼は浜辺に向かってペッとつばを吐いた。青い空、海、そして赤いジャージ。青春ドラマの一幕をスローモーションで見ているようだった。次の瞬間、青春のしぶきを顔面に受けた。一瞬へこんだが、気を取り直して歩くことにした。

生徒たちは、走っては休みまた走るのをくり返す。私は10分で1キロのペースを保って歩く。何度も同じ生徒に追い抜かれ、追い越す。結局ペースは変わらないのだ。歩いている生徒を見つけると、話しながらしばらくいっしょに歩いた。

「キミは寮生?　自宅生?」

「自宅です」

「自宅生はスマホとかパソコンとか持っているの?」

「パソコンはありますが、スマホは持っていません」

「自宅生でもスマホはみんな持ってないの?」

「持っているやつもいますけど、持っていないやつも多いです。寮生が持っていないので、必要ないでしょと言われます」

「なるほど」

ずっと海沿いの平坦な道を歩くのだと思っていたが、ところどころ山道のアップダウンもある。黙々と歩いていると無心になってくる。景色を楽しむのではなく、ただ前だけを見て歩く。

灘や開成を蹴ってきた生徒も

気づくと、桜島の表情が変わっている。裏の顔である。ちょうど半分まで来たようだ。17キロ地点にある中学校の校庭に、中間チェックポイントがある。そこで手早く昼食をとる。各自おにぎりやサンドイッチを持参している。寮生がもっているのは食堂の方々がにぎった大きな大きな握り飯だ。

この時点でスタートしてから2時間50分。計算通りのペースだ。前半で何度かすれ違ったサッカー部の高校2年生2人とともに休憩した。

Ａくん　何の取材ですか？

おおた　ウェブサイトの連載で、いろんな学校を取材しているんだ。

Ａくん　こいつすごいですよ。灘も受かったのにラ・サールに来たんです。

おおた　へー、どうして？

Ｂくん　寮が楽しそうだなと思って。

おおた　実際どう？

Ｂくん　ラ・サールに来てよかったと思ってます。大学進学のことを考えたら灘のほうがよかったのかもしれないけど……。

Ａくん　灘でついていけるか不安だったんだろ！

Ｂくん　あ、それもあった（笑）。

Ａくん　同じクラスに開成を蹴ってきたやつもいますね。全国模試で１位とかになっていたやつです。でもいまはまったく勉強していないみたいで、それほどの成績ではありません。

Ｂくん　でも〝ノー勉〟で真ん中くらいならたいしたもんだよね。

Aくん うん。きっと本気で勉強しだしたらあっという間に学年上位になると思う。
おおた すごい友達がたくさんいるんだね。
Aくん では、お先に行きます！

黙々と歩けばそのうち着く

後半戦。いきなり長い上り坂がある。その頂上にある売店の前で、数人の生徒といっしょに水分補給。すると売店のおじさんが、頭上を飛ぶトンビに向かってパンくずを投げた。トンビがキャッチする。わざわざ見せてくれたのだ。「これ、俺の遊び」と笑う。おばさんも出てきた。「頑張ってね！　頭はいいし、ハンサムだし、ラ・サール生はすごいねえ」と生徒たちを応援する。

ときどき道ばたに腰を下ろす生徒も目立ち始める。「もう、本当に疲れました」と弱音を吐く生徒も出てくる。数人のグループで歩く生徒たちもいれば、1人で黙々と歩く生徒もいる。ある中学生は「これを乗り越えて、追試も乗り越えたら、本当に幸せだ！」と叫びながら駆けていった。そうか、期末試験の追試があるのか……。

いっしょに昼食をとったサッカー部の2人に追いついた。

Aくん　歩くの速いっすね。

おおた　みんなみたいに走ったり歩いたりしたらそのほうが疲れちゃうからさ。ひたすら同じペースで歩くのがいちばんラク。

Bくん　それにしても、疲れたね。

Aくん　うん。でも、黙々と歩けばそのうち着くよ。

そう。他人と競争しようとするとつらくなる。焦ってペースを乱すと余計に苦しくなる。かなたまで続く一本道を前にすると「これをずっと歩くの?」と信じられない気持ちになる。が、無心になって一歩一歩進めば、いつの間にかその果てしなく見えた道のりは自分の背後にある。それをくり返せば、必ずいつか目的地に到達する。速い遅いは関係ない。人生も同じだ。そのことに気づくのが、この行事の隠された目的なのではないかと私は感じた。

ゴールは桜島補助体育館の駐車場。最終チェックポイントで、タイムを記録し、順位を書いた札をもらう。私のタイムは5時間50分。生徒たちの平均くらいだ。手元のスマートウォッチによれば、２６７９キロカロリーを消費した。

母の会のメンバーが、約１０００人分のうどんとおにぎりを用意している。食べ終えた者から各自フェリー乗り場へ向かい、帰路につく。20年後か30年後かはわからないが、いつか彼らも、自分のペースで自分の目的に向かって自分の人生を歩む術《すべ》を身につけるのだろう。そうなればどんな悪路も坂道も、怖くなくなる。

その前に、とりあえず追試、頑張れよ！

第 3 章

授 業

灘の畳が映す「柔道の父」の教え　グローバル人材育む

偉大なる柔道家が開いた学校

灘の柔道場には2つの大きな書が掲げられている。「精力善用」「自他共栄」。講道館の創始者で、近代柔道の父として世界中にその名を知られる嘉納治五郎そのひとによるものだ。

嘉納治五郎は偉大なる柔道家であるだけでなく、偉大なる教育者でもあった。1893年から23年半もの間、東京高等師範学校（現在の筑波大学）の校長を務め、教員養成という側面から日本の中等教育を育ててきた人物であり、その比較的晩年において灘を建学したのである。

「精力善用」「自他共栄」は治五郎が柔道修行のなかで見出した信念であり、それをそのまま灘の校是とした。「精力善用」はもてる力を最大限に出し切る姿勢。「自他共栄」は助け合い譲り合う精神を意味している。

治五郎は、アジア人として初めての国際オリンピック委員会のメンバーとして世界を飛び回り、1940年の「幻の東京オリンピック」の誘致に成功した立役者でもある。そのことはNHK大河ドラマ「いだてん」に詳しい。当時から一流の国際人であったのだ。

和田孫博校長は「嘉納先生こそ、真のグローバル人材のロールモデルである」と言う。自分が所属する世界では経験しないような未知なる課題に直面したときにも、おじけづくことなく対処し、粘り強く解決する力こそ、本当の意味での「グローバルな力」だというのだ。その強靱《きょうじん》な「グローバルな力」の源が、「精力善用」「自他共栄」の信念なのである。

意外に和やかな柔道の授業

治五郎の学校である灘では、当然のことながら柔道を学ぶのが創立以来の伝統だ。現在でも中1から高1の4年間、週1回の柔道が必修となっている。

中2の柔道の授業を見学した。担当教員は坂口諭さん。体育大学の柔道部で活躍し、灘の教員になって7年目。バリバリのアスリートであり武道家でもある。見るからに強そうだ。自分の体育の先生だったら「おっかない」と感じてしまいそうな空気を身にまとう。

灘の創立者は近代柔道の創始者

「精力善用」「自他共栄」の額縁を背にして、坂口さんが仁王立ちになる。その前に約40人の生徒たちが整列し、正座する。そろって礼をして、厳かに授業が始まる。が、意外なことに坂口さんの口調はやさしい。うしろのほうでふざける生徒をたしなめるときも、体育会的な威圧感はない。

期末試験も近づいてきた時期で、翌週には柔道の実技テストがある。この日の授業はテスト対策の練習にあてられた。「亀の状態」「腹ばいの状態」「引き込みの状態」からの寝技とそれに対する返し技の攻防を審査する。

坂口さんは、生徒を2人前に呼び、それ

ぞれの状態からの寝技のかけ方、返し技のかけ方を細かく説明する。「ひじとひざの裏をもって、こうやって返して……」。生徒2人に手本をさせる。

技の途中で生徒同士が抱き合うような姿勢になる。説明のために坂口さんがそこで動きを止めるように指示すると、お手本の生徒の1人がすかさず相手を見つめて「大好き！」と言って、みんなを大笑いさせる。念のために付け加えておくが、灘は男子校である。

お手本を見てからそれぞれに練習する。授業の雰囲気は終始おだやかでにこやかだった。

足がつった、つった！」と大騒ぎして失笑を買う生徒もいる。

あっという間の50分間。再び整列して礼をして授業が終わると、生徒の1人は「あー、次は英語のテストやー！」と叫びながら柔道場を出ていった。

体育の授業だけで約70人が黒帯獲得

灘では3年前から「学校正課柔道」のカリキュラムに準じて柔道の授業を行っている。灘で高1まで体育の授業の一環として柔道をやって、一定の技量があることを灘の柔道の教員に認められ、講道館の昇段審査に合格すれば柔道初段すなわち黒帯がとれるしくみだ。高校からの入学者も合わせて1学年約220人の生徒のうち、約70人は黒帯をとって卒業する。

「灘というと勉強しかしていないイメージを私自身もっていましたが、実際来てみたら、運動神経がある子も割といますし、活発でうるさいくらいの子もいますし、自分のそれまでの先入観が間違っていたんだなと気づきました」(坂口さん、以下同)

坂口さんは柔道部の顧問でもあるが、灘は決して柔道の強豪校ではない。

「私自身は物心がついたころから生活の一部として柔道に取り組んできたので、中学生になってから柔道部に入っていちから柔道を始めるという感覚が最初はなかなか理解できませんでした。それに灘ではそもそも部活に毎日来るという前提がない(笑)」

最初は戸惑ったという。

「でも一方で、彼らは集中力がものすごいので、できる子は短期間でそこそこできるようになります。最近までラグビー部の顧問も兼任していたのですが、ラグビー部も試合本番になると集中力を発揮してめちゃめちゃいい試合をしたりするんです。灘の生徒たちは勉強ができるだけじゃないんだなとわかりました。それを生かして、どうやっていちから部員を育てていくか、それがいまの私の楽しみです」

灘の畳から真のグローバル人材が育つ

嘉納治五郎が講道館や灘で育てたかった次世代の若者とは、目の前の敵を次から次へと圧倒する無敵の格闘家や知略家ではあるまい。体力がある者はそれを善用すればいい。知恵のある者はそれを善用すればいい。そしてその力を自分のためだけに使うのでなく、お互いを高め合うために使えるようになってほしい。未知なる課題に直面したときにも、おじけづくことなく対処し、粘り強く解決できるひとになってほしい。そういう気持ちだったはずだ。

「校是である精力善用・自他共栄を、頭で理解するのみならず、体で理解するのが灘の柔道の授業です。勝ち負けにこだわる柔道ではなく、自分自身を磨き上げるためのひとつの方法としての柔道です。うちには運動が苦手な子も、体が小さい子もたくさんいます。それでも自分の力を最大限に活用する術を知ってほしい。お互いに力を出し合って切磋琢磨《せっさたくま》する姿勢は勉強にも通じます。生徒同士がよく勉強を教え合っていますよ」と校長の和田さん。

強靱なる「グローバル人材」嘉納治五郎の教えの本質が、いまでも灘という学校の中に、そしてその柔道場の畳に、染みついているのである。

医学部進学の名門東海　今も生きる「僧侶養成校」の伝統

お弁当の前に合掌し「食作法」

東海の創立は1888年。全国に官制のいわゆる旧制中学ができていく時期に、浄土宗としても独自の「ナンバースクール」を全国につくった。その「第一中学」に当たるのが東京の増上寺に隣接する芝中学校・高等学校であり、建中寺に隣接する東海は「第四中学」に相当する。当初は僧侶の養成学校だったが、1910年から一般生も受け入れるようになった。同じ宗門校として、東海と芝はいまも、移住による転校生を相互に受け入れる関係にある。熊本の鎮西中学高等学校と大阪の上宮中学校・高等学校も同様のいきさつでつくられた学校だ。

4限目の授業の終わりを告げるチャイムが鳴る。メロディーが独特だ。「月影の　いたらぬ里は　なけれども　眺むる人の　心にぞすむ」という法然上人の歌が鐘の音になっているのである。

腹ぺこの中学生たちであるが、すぐに弁当に手を付けるわけにはいかない。当番の生徒が「食作法《じきさほう》」とクラス全体に呼びかける。するとクラスメートたちが手を合わせ、「ほんとうに生きんがために今この食をいただきます。与えられた天地の恵みを感謝いたします。いただきます」と唱和する。毎日この「食作法」という儀式を欠かさない。

中学生のうちは週1回、校内にある明照殿というお堂で「宗教」の授業がある。建学の精神である三綱領の解釈から、仏教や法然上人について、ガンジーについて、マザー・テレサについて、核兵器や環境問題について、宗教という観点から学び、生徒同士でディスカッションを行ったり考えをリポートにまとめたりする。

そのほかにも折々の儀式がある。秋には中学の全生徒で、京都にある浄土宗総本山知恩院を参拝し、音楽法要を勤める。創立記念日の11月7日には追悼会《ついとうえ》という法要を学校の講堂で行う。これも中学生は全員参加だ。夏休みには中3の希望者が鎌倉の光明寺で2泊3日の研修を行う。そのほか仏教三大聖日にはそれぞれ校長による法話が行われる。

高3の冬には「卒業授戒会《そつぎょうじゅかいえ》」がある。講堂で、一人一人戒律を授かる厳かな伝統行事だ。このときばかりは生徒たちも一切のおふざけなし。そのかわり卒業式ではたくさんのおふざけが用意される。

ゆるさによって生徒を守る伝統

中学のうちは頻繁に仏教の教えに触れ、自分および世の中を見る感性を養う。いまどき珍しい、規律正しい仏教校という印象である。しかし「高校になると強制力はゼロになります」と高校教頭の西形久司さんは笑う。続けざまに「彼らは1日4食も5食も食べていますからねぇ。最寄りの駅から10分ほどの道のりにコンビニも各種取りそろえてお待ち申し上げておりますし、たこ焼き屋さんやパン屋さんもございますから」と冗談を言う。

中学と高校でがらりと雰囲気が変わるのだ。「中学のうちは早弁を禁止するなどの制約をある程度設けておいて、高校で一気に『自分の頭で考えろ』と言われます。高校生になると最初は『やったー』と自由を謳歌するのですが、次第に『あれっ、いつまでもこんなことしているの、おかしいよな』と感じて、セルフコントロールしはじめます」と西形さん。ちなみに西形さんも同校出身だ。

以下の3カ条を三綱領として掲げる。

1. 明照殿を敬い、信念ある人となりましょう。
2. 勤倹誠実の校風を尊重して、よい個性を養いましょう。
3. 平和日本の有要な社会人となりましょう。

「中学に入学すると、『平和日本の有要な社会人となりましょう』と徹底的にたたき込まれます」(西形さん)

――「平和日本」という言い方は独特ですね。

平和日本という言い方は、〝日本の平和〟のために他国を犠牲にするようなことがあってはならないという戒めを込めた表現だと私は解釈しています。このことからもわかるように、この三綱領は、戦後に書き換えられたんですね。

――そして「明照殿」は東海の象徴であると。

そうです。

——「勤倹誠実」の意味は?

まじめにやれよということです。もともと誠実ではなかったからです(笑)。愛知県の土地柄として官尊民卑の思想が強い。大正時代、優秀な子どもは愛知一中(現在の旭丘高校)に進み、落ちた子が東海に来た。不まじめなのが多かったんですよ。そこで当時の椎尾辨匡校長が、「学ばざる者は去れ」と言うわけです。そうしたら生徒が半分になっちゃったということもあったのですけど(笑)。

——「個性」については?

そこは本校の根幹ですね。枝葉を切り取らないということです。せっかく6年間あるので、いろんなことをやらせます。そのなかから「好きなことをやれ」ということです。だから勉強道具以外はすべてそろっています(笑)。中高生なんて勉強している場合じゃないんですよ。本当は教頭がこんなこと言っちゃいけないのですが、彼らは最後は帳尻を合わせてきますから。

——ホームページには「上滑りの時流に惑わされない個性豊かな人間となることを目指しま

す」とあり、現在の社会のあり方を暗に批判しているようにも読めます。

だって私学なんですから！　戦時中、愛知県には戦闘機のエンジンをつくる工場がたくさんあり、旧制中学の生徒たちもかり出され、空爆を受け、大勢が亡くなりました。でもうちの生徒は1人も亡くなっていません。なぜか。当時の職員会議の議事録が残っています。「県からはこういう通達が来た。どうしようかね？」と校長が言っているんです。当時の県からの命令なんて絶対ですよ。でもそれをいなそうとしているんです。そういうゆるさが生徒を守ったのだといえるでしょう。このゆるさがうちの自慢だなぁ。この伝統を守るのが私たちの役割です。

――勇ましく「生徒を守る！」と両手を広げるのではなく「どうしようかね？」というゆるさによって生徒を守るところがいかにも知恵にあふれていると思います。

すてきでしょ（笑）。

権力からの押しつけにも上滑りする時流にものらりくらりと抗《あらが》うしたたかな気骨は、官尊民卑の風土のなかでこそ鍛え上げられたものだろう。

50分間で1行、オンラインでは無理　東大寺学園の授業

生徒だけでなく教員も自由の体現者

東大寺学園は、奈良の大仏で有名な東大寺を経営母体とする男子校。一方で、校風は底抜けに自由で、制服もなければ校則もない。

自由なのは生徒たちだけではない。教員たちの自由も最大限に守られ、授業内容に関する裁量の幅は大きい。それぞれの教員がそれぞれのキャラを最大限に生かして、独特な授業を行う。そのバラバラ具合が東大寺学園の校風をよく表している。

一例として、藤嶽彰康教諭の高1の国語の授業を見学させてもらった。東大寺学園出身ではないものの、新卒で勤務して30年以上のベテランだ。

昼休みが終わりざわつく午後の教室に、藤嶽さんがやってくる。すると生徒たちは、まるでジャングルに暮らすサルの群れのように、口々に甲高い奇声を発する。どうやら藤嶽さん

の独特な笑い声のまねらしい。起立も礼もなく、ざわついたままでなんとなく授業が始まる。

藤嶽先生 きょうから教科書行きます！
生徒たち うそやん！

現代文の授業であるが、前回の授業までは新型コロナウイルス拡大防止のため長期にわたった休校期間中の学習のばらつきを調整する目的で、イレギュラーな授業を行っていたようだ。内容は企業秘密である。

板書を始めるとすかさず「先生、字、きたない。きれいに書く努力しろ」とツッコミが入る。藤嶽さんも「はーい」と応じる。このように、生徒たちはざわざわガタガタしながらも先生の一挙手一投足に注目し、いちいちツッコミを入れ、先生もいちいちそれを拾う。高度な偶発性のなかで授業が進行するスタイルだ。

この日読むのは鷲田清一氏の「〈わたし〉のいる場所」という文章。藤嶽さんは鷲田氏という哲学者の文章の特徴について、そしてどのようにこの文章を読んでいくのかについて説明する。その途中、いちいち生徒たちから合いの手やらツッコミが入る。1人の生徒が「漢字！　漢字！」とうるさい。

藤嶽さん　俺な、ひとの授業を見たことがないので噂でしか聞かないけれども、本を読んで、漢字や語句を確認し……！

生徒たち　ウェーイ！

藤嶽さん　段落を分け……！

生徒たち　ウェーイ！

藤嶽さん　グループごとに話し合う！

生徒たち　ウェーイ！

藤嶽さん　班長が話をまとめて発表する！

生徒たち　ウェーイ！

藤嶽さん　（そんな授業）絶対にしません！

生徒たち　ガハハ！

「人生の目的は生殖である」⁉

ようやく1行目を読む。

「わたしはなんのためにここにいるのだろう？」「こんなわたしでもまだここにいていいの？」……。

自己の存在理由をめぐるそんな問いに、幼いと言ってもいいような年ごろからさらされているというのは、悲痛なことである。

「1行目の会話文が間違っているということでしょう。ということは倒錯のパターンやんか。では正しい見解は一体何やということになります。これはね本文には書いていないけれど、君らが知っておかねばならんことです」（藤嶽さん）

再び板書を始め、政治哲学者ハンナ・アレントの『人間の条件』を引く。個人のもつ社会的役割としての「what」と、他に比類のない独自の存在としての自分「who」の違いを説明する。「what」は交換可能である。

藤嶽さんが略字を使うとすかさず生徒がツッコむ。

生徒たち　先生、テストでそれ書いたら×？
藤嶽さん　当たり前やん！　君達の将来を思えばこそ×にするんよ。
生徒たち　先生の将来は？
藤嶽さん　俺の将来はないから。
生徒たち　目的を達成したから？
藤嶽さん　おっ！
生徒たち　ウェーイ！

拍手が湧き起こり、生徒たちのボルテージが上がる。どうやら十八番《おはこ》の雑談らしい。

藤嶽さん ええこと言うねぇ。人生の目的は何? 勉強するために君らは生まれてきたんか? ちゃうな。人生の目的は生殖やな。よし、これをもう一回、再確認しよう。

生徒たちの食いつきはますます良くなる。

藤嶽さん いい大学に行くために生まれてきたわけでもないし、高収入な社会人になるために生まれてきたわけでもないねん。仕事を一生懸命頑張って過労死するのは本末転倒や。違うな。生殖のためやな。

生徒たち ガハハ!

藤嶽さん この前、卒業生が遊びに来てくれたから、「人生の目的はなんや?」と聞くと、「生殖です!」って、ちゃんと言いおった。

生徒たち ハハハ!

ここでいう「生殖」とは単に性行為のことをいっているわけではもちろんない。そこで石川啄木の『一握の砂』から歌を引く。

友がみなわれよりえらく見ゆる日よ
花を買ひ来て
妻としたしむ

藤嶽さん　我々人間は常に他者と比較しながら生きてるのね、僕らはね……。

さきほどまでの熱狂が嘘のように静まりかえり、生徒たちは藤嶽さんの話に聞き入る。明らかに雑談であるが、先生がいま、教科書に書いてあること以上に大事なことを話してくれていることを察知しているのだ。

教科書には書かれていない最重要ポイントとは？

その後も硬軟織り交ぜた雑談が延々と続く。生徒たちとのやりとりから偶発的になされる雑談であるはずなのに、しかし不思議なことに、それらすべてが鷲田清一氏の文章を理解する補助線となっていく。雑談を15分以上したあとにようやくハンナ・アレントに話が戻る。

藤嶽さん 「who」を自覚するためには「他者」の存在が必要です。自分と他者がお互いに、他者を鏡として自分を認識している。つまり「自分」とは「他者の他者」であるということができるわけです。『友がみなわれよりえらく見ゆる』というのはつらいことでもあるけれど、アイデンティティーを形成するうえではとっても必要なことです。

そしてまたすぐに雑談が始まる。

藤嶽さん でも今はコロナうつなんて心配やな。他者と出会えないから自己承認できない。それでは楽しいことなんて感じにくくなる。でもな、自分のために生きようとするからつらくなるやんか。「生殖」という言い方はちょっとどぎついけれども、「誰かのために生きる」というのが本質で、そう考えると、「自分がおもろないから生きていてもしょうがない」というのは僕の教えたいこととはちょっと違うのよ。自分も「他者」のための「他者」になっているると考えて生きていけばいいのよ。

このとき、教室は水を打ったように静まりかえっている。空調機がカラカラと回る音だけが聞こえる。

藤嶽さん　はい、1行目見てご覧。これはたぶん自問自答しているんでしょうね。こういうやり方はダメだということなんです。

では筆者がこの1文で言わんとしていることは何かを、板書にまとめる。板書しながら「これは本文に書かれていないから、設問としては成立せえへんで。設問にはならないけれど……」と、授業の最初に述べたことの念を押す。

結局1行しか進まなかったが、情報量は膨大な授業だった。私の率直な感想は、「この授業がオンラインでできるはずがない」である。

コロナによる学習の遅れは「俺がなんとかしてやる」

授業後、藤嶽さんに話を聞いた。

「生徒が寝ていたら、授業が悪いんだと僕は思います。寝ている子がいても注意して起こしたりはしません。寝させないために笑わせて、好きなように発言させます。雑談ばかりの授業になりますが、50分間のうちの5分間で、いちばん重要なことを伝えればいいんです。ただし、それをする能力がないのに雑談ばかりという授業はダメだと思いますわ」

教科書を見せてもらうと、行間にびっちりとメモが書かれている。綿密な授業準備をして、どこからどんなふうに脱線してもちゃんとゴールにたどり着くように、計算されていたのだ。

本郷泰弘教頭があとで教えてくれた。

「あんなに雑談だらけなのに、藤嶽先生のクラスは国語の成績が如実に上がります。コロナによる休校期間が明けて授業を再開したとき、藤嶽先生は生徒たちに向けてこう言い切ってくれました。『長いこと授業ができなかったけど、なんにも問題ない。俺がなんとかしてやる』」

決してだてではない。

スマホを使った物理実験　筑駒の型破りな授業の狙い

超音波の特性を利用してカンニング⁉

驚異の東大進学率を誇る超進学校・筑駒だが、授業のなかで大学受験に特化した指導を行うことはほとんどない。たとえば理科では、高校2年生になっても3年生になっても、実験が中心だ。

高2の物理の授業を見学した。2コマを続けて、物理実験室で行われる。冒頭、「スマホもっていないひとがいたら貸します」と言うのは授業を担当する今和泉卓也さん。理学博士でもある。筑駒には制服も校則もなく、高校生はスマホの使用も自由だが、ときどきスマホをもっていない生徒もいる。そのために「理科実験器具」として学校が所有しているスマホを授業の間だけ貸し出す。

授業の冒頭、「これ工作してみました」と言って今和泉さんが取り出したのは基板に小さなスピーカーをたくさん取り付けた電気工作。それをスマホにつなげてアニメソングを再生すると普通に音が聞こえる。が、スピーカーの向きを少し変えると聞こえなくなる。「そのへん聞こえるでしょ」と教室の奥の生徒に呼びかける。「はい！」。音を天井に反射させて生徒を狙い撃ちしたのだ。

「これは超音波スピーカーです。普通だったら人間の耳には聞こえないはずの4万ヘルツという超音波を発しているのですが、FMラジオと同じ変調というしくみを利用することで人間の耳に聞こえる音の情報を乗せることができるんです。でも、超音波には『広がりにくい』特徴があります。だから狙ったところにしか届かない。レーザーみたいでしょ」と今和泉さんが説明する。

するとすかさず「遠くからでも耳元でささやけるじゃん……」「お前にささやかれたくねぇよ！」「じゃ、カンニングに使える！」と反応する生徒たちがいる。超音波スピーカーを応用すれば、試験会場内で誰にも気づかれず会話ができるという発想だ。即座に具体的用途を思いつくのもすばらしいが、しかもそれを試験という状況と結びつけるところは超進学校らしさの一端かもしれない。

音楽編集ソフトを利用した物理実験

ここまでは授業の導入。この日の1つめの実験は、音楽ファイルからボーカルの音だけを抜き出すこと。生徒たちに配られたプリントのタイトルは「2年物理実験NO．2　波の重ね合わせと独立性〜音波を例に」。

3人1組で、「Audacity」というパソコン用の音楽編集アプリを使用する。いくつかの種類の楽曲のそれぞれについて、ボーカル入りの音源とカラオケ用の音源の2種類が授業用のクラウドにあげられており、好きな音楽ファイルをダウンロードできるようになっている。それらを「実験材料」として使用する。童謡からJ－POP、洋楽まで幅広い。「Audacity」でそれらを再生すると、音の波形が表示される。

「ここに音響効果を加えるエフェクトのメニューがあるから、ここにあるものをいろいろ試してみて、ボーカルだけを抜き出してみてください。はい。始めてください」と今和泉さん。何をどうするのかという作業の説明は一切ないが、生徒たちは「Audacity」をいじり始める。てっきり何度か使ったことがあるのかと思いきや、このアプリを使うのはみんな初めてだという。

15分ほどすると成功するグループが現れる。何をどうしたのか生徒に聞いてみた。「まず、カラオケの音源の波形を反転しておいて、そこにボーカルありの音源の波形を足しました」。なるほど、実験の意味を理解できた。私が「じゃ、最近の高価なイヤホンに搭載されているノイズキャンセリング機能と同じ理屈か！」と言うと、生徒も「あっ、そういうことですね。いま認識しました！」と目を輝かせてくれた。

しかし曲によってはクリアなボーカルにはならないことがある。それに気づいた生徒が「ボーカル以外の雑音は何？」と疑問を発する。「なんだろうなぁ。カラオケの音源に何か加工がされているのか、同じエフェクトをかけたとしても、ボーカルありのときとなしのときで、微妙に波形が変わってくるのかもね」と今和泉さん。試しに、カラオケの音源の波形を反転して、そこにエコーをかけておいたボーカルありの音源の波形を足すと、エコーの成分だけが残って聞こえる。

実験を終えてから、結果をプリントに記入する。プリントには「使用したエフェクト名を書こう。また、それによってどうして目的が達せられたか、簡単に説明してみよう」などと書かれている。それに答える。

2つめの実験では、L（左）とR（右）のセットになっている携帯用スピーカーを向かい合わせたときに生じる音の変化に着目する。「音の波形が、谷でも山でも音は聞こえるよね、同じように振動するスピーカーから出る音を左右からぶつければ波は打ち消しあうはずなのに、音は大きく聞こえる。これはなんで？　音が大きいというのはどういうことなの？　考えてみてください」と今和泉さんは生徒たちに問いかける。

どんな実験結果が出るかは重要ではない

続いてスマホのアプリ「Desmos」を利用する。これは「波」の特性を視覚的に理解するために開発された教育用アプリである。配られたプリントのタイトルは「2年物理実験No．3(1)　波をスマホ（Desmos）で生じさせよう！」。

アプリに「$y=\sin t$」と入力し、「$0 \leqq t \leqq 10$」と設定すると、「y」を縦軸、「t」を横軸にし

てぎこちなく動く波が表示される。「t」は時間を表す。これを、3秒周期でなめらかに動くように調整する。具体的には「$\sin t$」の部分に、マイナスを付けたり、「2π」をかけたり、「3」で割ったりしていく。いろいろな数式を当てはめてみて、うまくいくかどうか試行錯誤しているのだ。結果的にうまくいってみて、「あ、こうすればよかったんだ!」と、初めて理屈がわかる。

教室のあちらこちらでそれぞれのグループがあの手この手を試している。生徒たちの反応や表情はさまざまだ。今和泉さんは各グループの作業をのぞき込みながらまわり、時折ヒントを与えたり、疑問を膨らませるための一言を発したりする。

授業後、今和泉さんに話を聞いた。「理屈だけではちょっとつらい内容でも、スマホを使うことで自然科学の実験に近い形で手を動かしながら取り組むことができます。そうすると、なんらかの法則を見つけるまで生徒たちが勝手に試行錯誤してくれます。今回の実験には関係ありませんでしたが、スマホは測定デバイスとしても優れているので、物理実験のツールとしてはとても便利なんです」

言われてみれば当たり前だ。スマホは物理を応用した技術の集大成のような物体。それをうまく利用すれば物理の基礎を学ぶのにも便利なわけだ。

「別のクラスではこんな数式をつくって送ってくれた生徒がいるんですよ」と言って、今和泉さんは、まるで生き物のように動く波を生成させる数式を見せてくれた。そして「これがなぜこうなるのか、私でもすぐには理解できないんです。おそらく相当試行錯誤したんだと思います」と驚きの表情を見せる。

筑駒では高2で「課題研究」が必修だ。理科分野に限らず、各生徒がそれぞれの興味・関心に従ってテーマを決めて自由な発想で探究し、学年末に成果を発表する。「自分でやると決めたときに最後までやり切る力に関しては筑駒生はすごいですね」と今和泉さんは言う。

一方で「筑駒だからできるんでしょ」と言われるのは嫌だとも言う。「大学の研究とは違いますから、中高生が行う実験の価値に高いも低いもありません。中高生のうちは自分が興味をもったことに対して、結果がどうなるかわからなくてもやれるところまでやってみようと思って試行錯誤する体験をしてほしい。それは、学力的にはどんなレベルであってもできるはずなんです」と今和泉さん。

中高生が大学の研究者を気取って高価な実験器具を用いた派手な実験をする必要などどな

い。実験が成功しなくてもいい。結果よりも、いわば「やる気になっちゃった体験」自体が、将来生きていくうえでの糧になるというのだ。

西大和学園が新たに掲げる　イノベーション創発人材育成

東大志向を促進する新プログラム

2020年に東大合格者数53人を記録し注目を集めた西大和学園。今後さらに「東大シフト」が進みそうな気配がある。その理由の一つが、2019年度よりスタートした「アクションイノベーションプログラム（AIP）」だ。学校パンフレットやホームページには次のようにある。

世界を舞台に活躍するグローバルビジネスリーダー育成を目的とした「アクションイノベーションプログラム（AIP）」を2019年度からスタート。2014年に文部科学省指定の「スーパーグローバルハイスクール」をさらに進化させ、イノベーション創発人材を育成します。海外探究プログラムやリーダー養成プログラムで国際人として素養を備えた上でリーダーとしての資質を身につけ、ＡＩセミナー（トップランナー講義）では様々な業界のトップランナーの生き様や考え方に触れ、かつて経験をしたことのない強烈な刺激を受けることができます。ＡＩ研究でビジネスにおける分析の視点やフレームワークを習得、世界の問題を解決するプランを提案します。また各種ビジネスコンテストにも積極的にチャレンジし、優勝を狙います。

字面だけで、圧がすごい。岡田清弘学園長に解説してもらった。

「２０１４年度から指定されていた文部科学省のスーパーグローバルハイスクール（ＳＧＨ）が２０１８年度で終了したため、それまでに構築したプログラムをさらに進化させました。グローバルリーダー育成を目指す本校としては、さまざまな分野で活躍する人材を輩出したい。生徒たちにいろいろな選択肢を見せる必要性も感じていたところでした」（岡田さん、以下同）

海外探究プログラムとは、高1で、インド、ベトナム・カンボジア、中国の3コースのうち1コースを選択して訪問するプログラム。次世代リーダー養成プログラムは、高1または高2でアメリカのボストンを訪れ、ハーバード大学でワークショップ形式の授業を体験したり、マサチューセッツ工科大学で日本人留学生や研究者と交流したり、シリコンバレーの企業を訪問するというもの。

「イノベーション創発人材というのは、ありそうでなかったものを生み出す発想力があるひとのことをイメージしています。グローバルビジネスリーダーというのもマインドの話であって、グローバル企業のトップを育てようという話ではありません。でも、国際教育主任の丸谷貴紀がいちばんこだわっていたのはプログラム名に『アクション』という言葉を入れることでした。行動主義は創立者・田野瀬良太郎のスピリットでもあります」

2019年度に「AIセミナー」と呼ばれる講演会に登壇したビジネス界のトップランナーの経歴を見ると、ほとんどが東大出身者である。

「トップランナーの刺激的な話は、東大で学びたいという生徒にとって、進路を決めるうえで、絶好の機会になっていると思います。多くの学校がそうであるように、生徒の進路は生徒が決めれば良い。それは正しい。しかし『こんな選択肢もある』『こんな世界もある』と生徒に示すことも大切です。そして、生徒が選択したことに対するバックアップは惜しまないのがうちのやり方。でも、優秀な生徒が本当にやりたいことは何なのかを突き詰めれば、やはり東大に進学したくなることがほとんどです」

訪れるたびに教育内容が進化している学校

創立者の田野瀬良太郎さんは、学生時代にヒッチハイクで33カ国を回るなどの経験をしていた。そのときに感じた問題意識を胸に政治の世界に入り、市議会議員、県議会議員として働くなかで「国づくりは人づくり」を痛感し、1986年、40代前半の若さで西大和学園を開いた。

新しい学校を多くのひとに知ってもらううえで、中途半端なメッセージではだめだと考え、「西大和学園の出口に有名大学の入口がある。そう言われるべく、まず関関同立合格の学力はつけます。そして、その延長上に国公立大の展望も開けます」と掲げた。

1日7限、2学期制にして授業時間を最大化した。さらには「ゼロアワー」と呼ばれる早朝補習授業を実施したこともあった。そのほかにも随時放課後補習やテスト、個別指導を行った。

1990年には東大と京大に初めての合格者を出し、1998年には東大＋京大の合計合格者数で全国トップ10入り。2010年には京大合格者で全国1位になった。そして2020年には、東大53人、京大52人、国公立大医学部46人を達成するにいたるのである。

一方で、2002年にはスーパーサイエンスハイスクール（SSH）の指定を受け、2014年にはスーパーグローバルハイスクール（SGH）の指定も受けた。「高校生ビジネスプラン・グランプリ」などのビジネスプランコンテストには毎年参加しているし、国際コミュニケーション教育の一環として「ヤングアメリカンズ」というプログラムも導入している。

さらに、英会話教室のベルリッツと提携し、体育および美術では英語によるイマージョン授業（日本語を使わない授業）も行っている。水泳の授業はイトマンスイミングスクールのプールを利用するなど、学校の外にあるリソースも最大限に活用する。

2010年くらいまでは「塾に通わせず、すべて学校で完結させたい」というスタンスだったが、現在は「予備校や塾と呼ばれる教育機関と情報共有して、それぞれの生徒に応じた受験スタイルをつくれば、さらに本校の受験指導の質が上がるのではないかと考えています」とのこと。取材に訪れたこの日も、最終下校時刻の18時30分までたくさんの教室でさまざまな種類の補習が行われていた。

数年おきに西大和学園を訪れると、来るたびに新しい教育メニューが増えている。とにかく欲張りな学校だ。それが魅力となって優秀な生徒が集まるだけでなく、いまでは多彩な教育プログラムに関わりたいという理由で全国から優秀な教員が採用試験を受けに来るようになった。

「同じことをくり返すのではなく、昨年よりも今年を改善・改革していこうとするこの学校の体質は、まさに創立者のイズムですね」

第 4 章

学 舎

開成創立150周年　校舎新築に寄付10億超

東京五輪のせいで遅延

開成は2021年に創立150周年を迎える。その記念事業として、新校舎の建設が進んでいる。コンセプトは「開成の未来を創る」。当初は2021年の竣工を目指していたが、東京五輪・パラリンピックにともなう建築費の高騰などで予定変更を余儀なくされた。すべての工事が終わるのは2024年になる。

2016年には、すでに第2グラウンドを人工芝に替えている。第2といっても、これがメインの運動場であり、名物の運動会の舞台でもある。このグラウンドに新校舎を建てるという案も一応は検討したが、たとえ1年であっても運動会が開催できなくなるのはあり得ないとして早々に消えた。

2019年6月現在、正門は閉鎖されている。入ってすぐ右手にある体育館を解体し、跡地に大体育館と高校の普通教室や理科教室を配する6階建ての「A棟」を建てるためだ。高校校舎と中学校舎を隔てる向陵稲荷坂に沿って全面ガラス張りの学生ホールも設ける。そこが生徒活動の中心になるという。A棟での生活は、2021年9月に始まる予定だ。その後、工事は高校の旧校舎解体へと続いていく。

開成は1871年、東京・神田の地に誕生した。後に総理大臣となる高橋是清が初代校長を務めたのは有名だが、創立者は佐野鼎《かなえ》という。1829年に駿河国（静岡県）に生まれ、加賀藩で活躍した洋式兵学のテクノクラート（技術官僚）だ。当初の名前は「共立《きょうりゅう》学校」だった。1872年の記録によれば女子生徒も10人おり、英語はネーティブが教えていたようだ。

「東大目指すなら」に歴史あり

佐野の急逝で一時廃校の危機に見舞われた開成を立て直したのが高橋是清だ。米国帰りの高橋は当時、東京大学予備門（現在の東大前期課程）で英語を教えていた。その高橋が「東大予備門への入学を目指す生徒に、予備門の教員を招聘《しょうへい》して教授する」という方針を掲げた。今でいえば、東大駒場キャンパスの教員が東大入試突破の手ほどきをするということ。ほとんど反則に近い。

これが受けて優秀な人材が集まり、予備門進学の実績も残したことで、共立学校の名は全国に広まった。そのころに門をたたいたのが、司馬遼太郎の小説『坂の上の雲』に登場する海軍軍人の秋山真之であり、俳人の正岡子規である。

しかし、ペルーでの鉱山経営のために高橋が学校を去ると経営は再び傾き、1895年には公立化されてしまう。その際、「東京府立共立学校」ではつじつまが合わないということになり、「開成」と改名された。中国の古典『易経』にある「開物成務」(人間性を開拓、啓発し、ひととしての務めを成すという意味)からとった。1924年、現在地に移転する。

1960年代までの開成は、東大合格者数ランキングでトップ10に入るか入らないかの位置にいたが、1970年代に躍進した。大きな要因の一つは、1969年の西日暮里駅の開設だ。地下鉄の千代田線が開通し、これと接続するためにJR山手線にも新駅ができた。期せずして駅前の立地を得たわけだ。

そこに2つの「事件」が重なる。1つは、1967年に東京都が「学校群制度」を始めたのにともなう都立高校離れ。もう1つは、1970年前後に全国で活発になった高校紛争だ。それまで都立の名門・日比谷高校を目指したような優秀な生徒が、私立中学受験をするようになり、さらに私立のなかでも高校紛争の混乱が比較的少なかった開成を選んだのだ。同時に学校は組織のフラット化を進め、東大や難関私大の合格者は増加の道をたどる。

母校は大事だが家庭円満も大事

新校舎の建設事業は、中学校舎と第2グラウンド以外を全面的に建て替える大規模なものだ。当然、莫大な費用がかかるため、学校は卒業生や保護者らに寄付を呼びかけた。それに応えて集まった額は、なんと10億円を超えたという。募集は今も続けており、総額11億円を超える見込みだ。中学・高校への寄付としては、ケタ違いといっていい。各界で活躍する卒業生の層の厚さを物語る数字だ。

建築委員の有山智雄教諭は、寄付金について意外な事実も教えてくれた。「2015年に新校舎の基本設計が決まり、寄付金の募集を始めました。1口1万円からで、10口以上寄付すると銘板に名前を刻むしくみです。でも、出足は悪かったんですよ。特に30～40代の卒業生は子育てでもお金がかかる時期です。母校のためとはいえ、寄付をするには家庭内稟議《りんぎ》を通す必要があり、これがなかなか難航するのだそうです」。母校も大事だが、家庭円満も大事。賢明なバランス感覚である。

卒業生たちの期待を背負う新校舎には、最新の機器や使い勝手のいい施設が設置されるだけでなく、生徒たちが自由に動き回れる動線設計がなされた。高校校舎には3階分の吹き抜けを囲むように教室が配され、生徒が自由に使えるオープンスペースも多い。有山さんは「生徒たちが、どのスペースをどう活用してくれるのか、とても楽しみです」と話す。

「学校として『○○を目指す！』というのは、自由な開成の校風にそぐわない。行き先は、生徒たちが決めてくれればいい。今回の私たちの仕事はどこにでも行ける『船』をつくることだとイメージしました。しっかりしていて、どこまでも行けるような船です。その真価は乗り込んだ生徒たちがどこへ向かうか、どんな旅をするかで決まるはずです」（有山さん）

「開成の未来を創る」のはほかでもない、生徒たち自身であるというメッセージ。「あいつらはすごい」と、教員が生徒を尊敬する学校。それが開成である。

世界遺産で大宴会 東大寺学園の名物「おやじの会」

かつては東大寺の境内に校舎があった

現在は高の原の山の上にあるが、1986年までは大仏で有名な東大寺の境内にあった。いまでも年に1回、東大寺境内で行われる学校行事がある。「父親を中心とする会」である。要するに東大寺の中で、東大寺学園の生徒の父親たちと先生が集まって酒を酌み交わす交流会である（2020年は新型コロナウイルス感染拡大防止のため中止）。

「おやじの会」などと銘打ち、父親同士が交流する会はさまざまな学校で設けられているが、世界遺産の中での大宴会というのはほかに聞いたことがない。1時間ほど境内を参観したあとに、本坊で宴会が開かれる。教員20人を含む168人が定員。毎年定員を超える人数の応募があり、抽選となる。

教員がスピーチで、「学校説明会では東大寺学園がまるで夢の学園かのように感じられた

東大寺学園は東大寺境内で宴会（写真提供：東大寺学園）

かもしれませんが、まんまとだまされましたね！」とうそぶくと、会場はドッカーンと笑いに包まれる。

仕事の話や世の中の話が話題になることが多いが、子どもの勉強のことばかり気になっている父親には、教員が「親がそんなことばかり気にしていたら子どもの逃げ場がなくなりますよ。自分の中高生のころを思い出してください。いつも勉強していたわけではないでしょう」とたしなめることもある。

約2時間の宴会中、教頭からユーモアたっぷりの教員紹介や父親たちの有志団体の紹介があるくらいで、何か特別なことをするわけではないが、普段とは違う距離感で保護者と教員が交わることで、お互いに親近感が生まれ、学校内で何かトラブルがあった場合にも対応がスムーズになると本郷泰弘教頭は言う。

1977年に「父親懇親会」が開かれたのが始まり。当時PTAといえば母親が中心になりがちで、父親が学校に関わる機会が少なかった。せっかく男子校なのだから父親同士も横でつながったほうがいいだろうという狙いだった。平成に入ったころには参加者が減り、開催されなかった時期もあったが、1997年に「父親を中心とする会」の名称で復活した。

突如全国区の知名度を得た理由とは？

1926年に東大寺の境内で始められた夜間学校が起源だといわれている。勤労青年たちに学びの場を提供する、いわば寺の社会貢献事業だった。当時の名称を金鐘中等学校といった。戦後に学校制度が変わると、金鐘高校に名称を変え、定時制高等学校になった。

一方、戦後間もない1947年には、昼間空いている校舎を利用する形で私立・青々中学校が成立している。中高一貫ではない私立中学校は珍しい。1963年にようやく全日制高校が設置され、名称を東大寺学園中学校と東大寺学園高等学校に統一し、中高一貫教育体制が整った。同時に金鐘高校は東大寺学園高等学校定時制と改称された。

しかしどうも腑《ふ》に落ちない。戦後間もないころ、なぜ「金鐘中学」ではなく「青々中学」という名称で中学校が設置されたのか。金鐘高校という存在がありながらなぜ1963年に別系統として東大寺学園高校がつくられたのか。

どうやら青々中学というのは、戦後の新制公立中学校に不安を抱いた地元の椿井小学校の生徒の親たちが、自分たちで中学校をつくってしまおうと考えて興した私立中学校で、たまたま日中使われていない校舎を間借りしたのが生い立ちらしい。

つまり、金鐘高校に青々中学という別系統が接ぎ木され、接ぎ木のほうが本流となり、それが現在の東大寺学園になっているという解釈が現実に近いようだ。

境内にあるころには、中学は1学年2クラス、高校で3クラスという小規模校だった。しかし1986年に現在の校地に移転して、規模を拡大した。その直後、東大寺学園は期せずして全国区の知名度を得る。

1987年、国立大学入試制度に「A日程B日程方式」が採用され、東大と京大を併願できるようになった。そのおかげで東大受験者が増え、1986年に21人だった東大合格者が、1987年には38人になり、1988年には64人になり、全国高校トップ10入りを果たしてしまうのである。

「A日程B日程方式」はたった2年で中止になったが、これを機に東大寺は京大も東大も狙える進学校として脚光を浴びた。漫画の『ドラゴン桜』よろしく「学校改革」によって躍進を目指す進学校もあるが、実際に進学校が躍進する背景には、このように外部要因が働いている場合が多い。東大寺の場合も、学校の規模拡大のタイミングに合わせてちょうどよく「風」が吹いたといえる。

中学募集定員増やし高校募集停止

仏教校であり超進学校だと聞くと、さぞかし規律正しい学園生活なのではないかと想像するかもしれないが、もともとの生い立ちが勤労青年のための夜間学校だったためか、いまでも校風は底抜けに自由。制服もなければ校則もない。頭髪を染めるのも自由だしピアスを開けてもとがめられることはない。教員たちも自由で、個性的な職人タイプが多い。

これまで中学入試の定員が176人で、高校から1クラス分を受け入れていたが、2021年からは中学入試の定員を200人に増やす。その代わり2024年には高校での募集を停止する予定だ。つまり完全中高一貫校化する。首都圏の難関私立で軒並み高校募集を停止したのと同じ構図が、関西にもおよんでいる。

背景にある理由は2つ。1つは近県公立高校の躍進だ。高校受験の学力上位層が公立高校を選択する割合が増えた。もう1つは、中学受験文化の成熟だ。以前はトップ校に合格できなかったら公立中学に進学し高校受験での「リベンジ」を目指す選択が多く、彼らが高校受験の学力上位層を構成していたが、近年では合格できた中学に進学するケースが増えている。そのため高校受験の学力上位層が薄くなっているのだ。

中高別居がメリハリ生む　甲陽学院の自律

中学では制服、高校では私服

　中高一貫校でありながら、中学と高校が離れた場所にある。まわりの環境も違えば、校舎の趣もまるで違う。さらには中学と高校では校内の雰囲気ががらりと変わる。どちらの校舎を訪れるかによって、甲陽という学校に対する第一印象はまるで違ったものになるはずだ。

　外見からしてかっちりとした進学校という印象を与える中学の校舎の中には、進学校らしいピリッとした緊張感がある。かたや、一見、山の中にある古びた学校という印象を与える高校の校舎の中には、ゆる～い空気が漂う。温冷療法のようなそのメリハリが、思春期の男の子たちを刺激する。

　創立は1917年。もともとは現在の甲子園球場の近くにあった。1940年には香櫨園に甲陽高等商業学校がつくられる。いわゆる皇紀2600年を記念しての事業だった。甲陽高等商業学校はのちに甲陽工業専門学校になるが、太平洋戦争後に廃校となった。

戦後の学校制度改革によって、旧制の甲陽中学校（5年制）は、新制の甲陽高等学校と甲陽中学校に改組する。旧制甲陽中学校の校舎をそのまま新制甲陽高等学校として使用し、廃校になった甲陽工業専門学校の校舎を新制甲陽中学校の校舎とした。1978年には高校が、甲子園から現在の苦楽園に移転。現在に至る。

2019年には東京大学に34人、京都大学に49人、国公立大医学部に63人もの合格者を出した超進学校ではあるが、「進路指導部」はない。代わりに「進学資料室」があり、そこで生徒からの相談に乗る。進路については生徒自らが考えることであり、指導はしないというのが学校の頑《かたく》ななスタンスだ。中学ではきめ細かな指導をするが、あえて徐々に面倒見を悪くしていき、最終的には自分で自分の道を選べるひとに育てる。

中学では制服着用が義務。着崩しも注意される。漫画やゲームなど、学校での勉学に必要でないものの持ち込みは禁止。携帯電話も原則的には持ち込み禁止で、必要な場合は申請し、登校したら学校に預ける約束になっている。下校中の買い食いも禁止だ。夏休みには結構な量の宿題が出され、休み明けにその成果を確認するテストが行われるなど、学習面での指導もきめ細かい。かつて中学の授業を見学したことがあるが、男子校にしては緊張感のある印象だった。

しかし高校は全国的に見てもトップクラスの〝ゆるさ〟を誇る学校だ。制服がなくなり、私服登校となる。頭髪規制もない。持ち物についても制限がなくなり、休み時間にはゲーム機やスマートフォンで遊ぶ姿も見られる。教員もあまり細かいことを言わなくなる。突然得られた「自由」に戸惑い、羽目を外してしまう高校生も当然いる。それも成長の過程として、織り込み済みだ。

環境の変化が生徒の可能性を引き出す

中学も高校も校地は十分に広く、1カ所にまとめることも物理的には可能であり、そのほうが便利なことも多いのだが、あえて現在の姿を続けている。その理由を今西昭校長に聞いた。今西さんも同校の卒業生だ。

あえて先にデメリットを聞く。

「中高が同じ場所にあれば共有できたはずの施設をそれぞれに用意しなければいけないの

で、経済面でのデメリットは非常に大きいです。また、教員は中学と高校で固定ではなく、6年間の学年持ち上がりなので、3年おきに勤務地が変わるという面倒もあります」(今西さん、以下同)

教育面でのデメリットは何か。

「中学生と高校生の交流がほとんどないことです」

一般的に中高一貫校のメリットは、中1の時点で高2や高3の先輩の姿を見られることだといわれている。憧れのロールモデルを見つけやすいだけではない。反抗期真っ盛りの中2や中3を最高学年として仰ぐのではなく、先生たちを敬い大人同士のように話す高2や高3の姿を見て「自分もいずれああなるんだ」とイメージできることが、思春期に安定感をもたらす。

しかし甲陽では、その効果が期待できない。その点は公立中学もいっしょだが、公立中学の場合には高校受験という一大イベントが控えており、それがある種の抑止力になっている。さらに良くも悪くも内申書の存在が生徒を律する部分もある。それが甲陽にはない。やりたい放題になる。そこで、やや厳しめの指導が必要なのだと分析できる。

「高校があまりにも自由なので、それに比べれば中学での指導は厳しく見えますが、一般的な中学生の生活としては十分に自由ですし、生徒たちも中学と高校の校風に大きな違いは感じていないと思います」

高校になれば自由になれる。それがわかっているから一種の〝通過儀礼〟として、中学での制約をさほどの抵抗感なく受け入れることができる面もあるだろう。

ではなぜ、中学と高校を同じ場所にまとめないのか。

「メリハリをつけた指導ができることに大きな教育的メリットがあると考えているからです。もう中学生ではなく高校生になったのだと、明確に自覚できます。そうやって〝自律としての自由〟への道を歩ませるのです」

中学ではとても厳しい先生として有名だった教員が高校になってから急に穏やかなキャラに突然変異したことを、喜々として話す高校生もいるという。教員も意図的に温度差をつけているのだ。生徒からしてみれば、自分がちょっぴり大人扱いされたように感じられてうれしい。自分の成長を自覚し、もっと成長したいと思えるようになる。

「また、中3でリーダーを経験できることも大きいですね。生徒会も行事も部活も、中学では中3がリーダーとして後輩をまとめます。さらに面白いことが起こります。高校になると、中学のときとは違う生徒がリーダーになったりもするんです。たとえば文化祭の実行委員のメンバーががらりと変わったりします。すごく冷めた分析をすると、中学のうちのリーダーは、優等生タイプが多い。でも高校になると、どちらかといえばやんちゃなタイプの生徒がリーダーとして台頭してきます」

環境が大きく変わるから、心機一転もしやすいのだろう。しかし冷静に考えれば、これらのメリットは、一般的な公立中学から高校へと進学するルートで得られる教育的効果と同じである。逆にいえば、それが一般的な中高一貫教育のデメリットともいえる。

つまり、6年間という大きな時間の流れのなかで子どもたちの成長をとらえることができる中高一貫校のメリットと、中学と高校での環境の違いが成長への自覚を促すメリットの、両方が得られる。中高一貫校でありながら中高一貫校でないことが、甲陽の特長なのだ。

都会の超進学校筑駒　なんで田んぼで泥んこに？

日本近代農業発祥の地で実習

毎年6月、全身泥んこになった高校生たちが都心の学校に入っていく。筑駒生だ。なかにはリヤカーを引いている生徒もいる。水田稲作学習の一環で、田植えをしてきた帰りである。学校から徒歩約5分のところに「ケルネル田んぼ」と呼ばれる水田があり、中1と高1が1年間を通して稲作の実習を行う。収穫された米は、卒業式や入学式で赤飯として配られるのが伝統だ。

都心にある超進学校でなぜ水田稲作学習なのか。学校の生い立ちに深い関係がある。「少年よ、大志を抱け」で有名なクラーク博士は札幌農学校（現在の北海道大学）で米国式の農業技術を日本に伝えた。一方、ドイツ式の農業技術を取り入れたのが駒場農学校であり、1881年にその教師としてオスカー・ケルネルが着任した。駒場農学校の実験田とし

筑駒は農業学校の系譜を受け継ぐ

て当時から使用されていたのが「ケルネル田んぼ」であり、日本近代農業発祥の地とも呼ばれている。

さて、そこからがやや、ややこしい。

駒場農学校はのちに帝国大学農科大学、そして東京帝国大学農学部へと発展する。つまり現在の東京大学農学部である。一方、筑駒はもともと、東京農業教育専門学校付属の農業学校として設立されるはずだった。東京農業教育専門学校は東京帝国大学農学部付設の農業教員養成所が独立したもの。しかし戦後の学校制度改正により、1947年に東京農業教育専門学校附属中学校として開校するに至った。要するに、筑駒は東大農学部にルーツをもつ。

１９４９年、東京農業教育専門学校は東京教育大学（現在の筑波大学）に包括される。東京教育大学は戦前の東京高等師範学校を母体としてつくられたもの。つまり東大から生まれた組織が紆余曲折《うよきょくせつ》を経て東京教育大学へと移管されたわけである。それにともない、１９５２年、東京農業教育専門学校附属中学校は東京教育大学附属駒場中学校・高等学校と校名を変えた。このとき「駒場」が挿入されたのは、大塚にある本家の東京教育大学附属中学校・高等学校と区別するためだ。このころは「教駒」と呼ばれていた。

１９７８年、東京教育大学が筑波大学に移管されるのにともない、筑波大学附属駒場中学校・高等学校に改称する。つまり、戦前のトップエリート校、東京帝国大学と東京高等師範学校のハイブリッドが現在の筑駒なのである。ちなみに全国で唯一の国立の男子校である。

歴代校長は農業系の研究者

稲作体験のようなことを行う学校はほかにも多くある。しかし筑駒の水田稲作学習はより本格的だ。

4月下旬に苗床をつくり、種をまく。学校内に温室があり、そこで発芽させ、苗が育つのを待つ間、5月中旬に田んぼで施肥、除草、耕起をしておく。6月初旬の田植え講習会で田植えの手順を事細かに学んだ生徒たち自らが田植えする。夏休み期間中も2度ほど除草作業を行う。炎天下での作業のあとは、スイカで打ち上げをするのが習わしだ。10月には稲を刈る。刈った穂は稲架《はさ》がけして約1カ月天日に干し、学校にある脱穀機で脱穀する。

便利な農機具をできるだけ使わずに、昔ながらの方法で稲作を体験する。農学系の大学でも通年を通してここまで本格的にやるのは珍しいと担当教員は言う。

「総合的な学習の時間」にこれをあてており、あくまでも学習の一環として取り組むが、水田委員会なる組織をつくり、生徒たちも主体的にこれに関わる。水田委員は、筑駒の三大行事をとりしきる音楽祭実行委員、体育祭実行委員、文化祭実行委員と並ぶ要職とされる。

「学校の伝統を守っている自負がある」と水田委員長は言う。

校内には畑もあり、農芸部が活動している。歴代の校長もみな農学系の研究者だ。農業はいまでも学校のアイデンティティーなのだ。超進学校の意外な側面である。

人間は最後は自然に負ける

数年前、田植えの実習を見学したことがある。学校からケルネル田んぼへと出発する前に、教員から生徒たちに伝えていた3つの注意事項がいまでも記憶に残っている。

「1つめ。学校と水田の間の移動経路を泥で汚さないように。2つめ。苗が主役です。キミたちが主役ではありません。ついでに言っておきますが、人間は地球上では威張っていますが、最後は自然に負けます。3つめ。地下足袋は今日中に家に持ち帰ってください。学校の中に放置すると、そこからいろいろなものが生えます。もう一度言います。人間は地球上で威張っていますが、最後は自然に負けます」

すばらしい注意事項だと思った。筑駒生たちは冗談半分にこれを聞くが、いずれその言葉の重みに気づくのだろう（この記事の執筆時点で新型コロナ禍は想定していなかった。その意味では〝負け〟てはいけないのだが、〝打ち勝つ〟というのもちょっと違うと思う）。都会の街を泥んこになって意気揚々と歩く筑駒生たちを見て思う。その泥臭さはきっと人生の財産になる。忘れないでほしい。

スマホもパソコンも禁止　名門ラ・サールの寮生活

ブルース・リーもラ・サール出身

「ラ・サール」とは、世界約80カ国に約1000もの学校を運営するカトリック系の教育修道会の名称だ。フランスの英雄シャルル・ド・ゴールもキューバのフィデル・カストロも映画俳優のブルース・リーもラ・サールの教育を受けている。日本にももう1つ、函館ラ・サールがある。

鹿児島のラ・サールの創立は戦後間もない1950年。交通の便が悪かったので、寮を設置した。寮には当初、旧島津別邸を借用した。当時、学校は海沿いにあったが、その後、海は埋め立てられ、浜辺は遠のいた。

1970年代に鹿児島—羽田便が就航すると東大進学者が増えた。それで全国区の知名度を得ると、全国から生徒が入寮するようになる。現在、東京・名古屋・大阪・福岡でも学校説明会を行うが、これらは比較的近年始まったものだ。

ちなみにラ・サール以外にも総じて九州の進学校から東大進学者が多いのは、明治維新以来、東京に出て活躍するのがこの地方の王道の成功モデルになっているからである。さらに医学部進学者が多いのは、西日本に医学部が偏在しているからである。これも維新政府の実力者が西日本出身者で固められており、西日本に優先的に高度な教育機関がつくられたことと無縁ではない。

毎日3時間の「義務自習」がある

かつての寮は木造で、昭和の漫画に描かれる運動部の合宿所のようだったが、現在の寮は2013年に新築されたばかりの鉄筋コンクリート。印象がまるで変わった。

全校生徒の約半数が寮で暮らす。県別では福岡県出身者が最も多く、次が東京都である。寮は学校敷地内にあり、教室までは徒歩数十秒。ついパジャマのまま登校したくなるが、もちろん毎朝きっちり制服に着替える決まりである。ただし、運動部は部活が終わると、グラウンドから直接泥んこのまま寮に帰ってくる。

寮での生活は、現在の日本の一般的な中高生の生活からはだいぶかけ離れている。ケータイ、スマホ、パソコン、ゲーム機の所持は禁止。電話は公衆電話を使用する。テレビは各フロアにある娯楽室でみんなで見る。そもそも中学生は8人部屋。プライバシーなんてない。同じ部屋に中1から中3までの3学年が同居する。高校になると4畳ほどの個室が与えられる。高3になると寮を出て、近隣に下宿する。

高3で寮を追い出されるのはもともとはキャパシティーの問題だった。しかしそれが伝統となり、他人の家でお世話になるという経験も、いまではラ・サールの教育の一部となっている。ただし最近では寮が常に満員御礼状態で、高2で下宿するケースもある。

もちろん規律正しい。起床は7時。7時20分の点呼の時間には、自分の部屋の前の廊下に整列していなければならない。その後大きな食堂で朝食をすませ、登校する。遅れると、寮の玄関の鍵が閉められて、出られない。ペナルティーである。昼休みには寮に戻り昼食をとる。19時すぎまでに入浴と夕食をすませ、その後は毎日「義務自習」がある。各フロアにある自習室で3時間勉強するのだ。「自習」とはいうものの、自由なのは何を勉強するかであって、勉強しない自由はない。高校生はその後も自分の部屋で23時45分までは勉強していいことになっている。

ラ・サールでは高2の2学期以降、各教科で「週テスト」が実施され、それが大学受験へのペースメーカーになっている。週テスト対策を続けていれば、塾に通わずとも難関大学合格への学力がつくしくみだ。元祖〝塾要らず〟の学校である。高1までは普段の授業の予習復習や定期試験対策を中心に自習する。

寮生たちが、スマホやゲーム機を持たず、毎日3時間勉強し、規則正しい生活をしているわけである。自宅から通う生徒たちも自宅で保護者から「寮に住んでいるお友達はみんな……」と諭されると反論できない。

確実に親離れ・子離れできる

寮に暮らす高瀬谷薫さんに話を聞いた。福岡県出身の高校2年生だ。

「中1の最初はホームシックになる同級生もなかにはいましたが、ほとんどは気楽にやっていました。大部屋では多少先輩に気を使いましたけど、上下関係を学ぶ機会になったかなとは思います。友達ができやすいことが、寮生活のいちばんいいところですね。言わずもがな、学校は近いし、生活リズムが崩れることもありません。食事の質も最近は随分と上がってきている気がします」

いまの時代、親離れ・子離れできない親子が多くて困っていると、さまざまな学校で教員たちが嘆く。その点、確実に親離れ・子離れできることが、寮生活のいいところである。「勉強しなさい」と四六時中親から言われるより、「義務自習」で友達とそろって机に向かうほうが、実際はストレスも少ないかもしれない。

「寮生活のなかで、好きな時間は夕食を終えてから義務自習までの時間です。やっぱり時間に追われるところが嫌ですね。自由な時間が少ない。週末は多少自由な時間がありますが、場所が微妙で……。まわりに中高生が遊べる場所なんてないですからね。結局部屋で漫画を読んでいるか、みんなでサッカーをしているか……。スマホやゲーム機はダメですが、漫画と音楽プレーヤーはＯＫです」

夕食後の中学生の大部屋では、ボードゲーム大会が行われていた。

「学校と寮だけの生活は閉鎖的ですよね。たまに鹿児島中央駅なんかにいくと、いちゃついている高校生のカップルなんかを見かけて『いいなぁ』なんて思っちゃいます。中３のころはそれでだいぶ悩みました。このままではイメージしていた普通の高校生活ができないと感じて……」

LINEもEメールも使えないが……

そもそも他校生との接点も少ないが、仮にどこかで友達ができても連絡手段は公衆電話か手紙しかない。Eメールを使おうにも、学校のPCルームのパソコンを使用するしかない。常時スマホで友達とつながっている現在の一般的な中高生には想像しがたい環境だろう。

ときどき館内放送で「○年の○○くん、2番に電話です」などというアナウンスがある。最寄りの内線電話で電話を受けることができる。ちょうどそんなアナウンスがあったとき、近くにいた生徒に「これってもしかしてカノジョからの電話だったりするの?」と聞いた。中学生とおぼしき生徒は「いや、ラ・サール生でそういうことはあり得ません……」と苦笑い。からかって悪かった。

夕食時の食堂では、多くの生徒たちが近隣のスーパーのビニール袋を携えていた。中を見せてもらうと大量のスナック菓子にカップラーメン。しかもデカ盛り。義務自習の休憩時間に食べるのだそうだ。ちなみに寮の食堂で出される料理のレシピは2012年に『秀才男子を育てる！　ラ・サール学園「寮めしレシピ」』（集英社）という書籍になっており、全国で売れた。

寮の中をぶらぶらしていると、各フロアの廊下や階段に必ずといっていいほど、下着の落とし物がある。なぜか決まって下着である。洗濯物は寮職員がまとめて行う。寮生の衣服にはすべて番号が振られており、洗濯されたものは番号ごとにロッカーに戻されるしくみだ。

寮の事務室前には頻繁に生徒がやってくる。観察していると、どうやらお金をもらっている。保護者から預かっているお金を引き出せるしくみらしい。

4000円も引き出している高校生がいた。「結構大金じゃん！　何に使うの？」と尋ねると、「あさって焼き肉会があるので、そのためのお金も必要で」とのこと。私が寮を訪れたのは、2学期の期末試験が終わって、名物行事の「桜島一周遠行」が行われる前日だった。2学期最後の試練を越えてから、みんなでパーッと焼き肉を食べに行こうという趣旨である。なんともほほ笑ましいではないか。

多くの卒業生が口をそろえる。「なんだかんだいって、いま振り返ると寮での生活が最高に楽しかった」。好き嫌いはあるだろうが、中高生がこんな青春を送れる環境は、いまどきなかなかない。

第5章

歴史

阪神・淡路大震災乗り越え　灘の校是が結ぶ地元の絆

体育館に遺体を安置

1995年1月17日未明、灘を激震が襲った。阪神・淡路大震災である。灘がある神戸市東灘区は最も揺れが大きかった地域で、当時のニュースでも、灘周辺の悲惨な状態が映像でくり返し映し出されていた。

直接の学校関係者に幸い犠牲者は出なかった。ひびが入ったところなどはあったが、校舎もなんとかもちこたえた。ただし、職員室の中はまるごと大きなミキサーにかけたかのように机も棚も書籍もごちゃまぜになり復旧には相当な時間を要する状態だった。

あれから25年。和田孫博校長が当時を振り返る。

1月17日。「私自身は大阪に家があるので、この地域の激震を体感してはいないんです。当時は管理職でも何でもない教員でしたが、大変なことになったと思ってタクシーですぐに学校に向かいました。車が通れたのは途中まで。残りは1時間ほど歩かなければなりませんでした。学校のまわりはどこが路地だったかすらわからない状態でした」(和田さん)

宿直の用務員さんが自分の判断で体育館を開放し、近隣の避難者を受け入れていた。朝9時には、体育館を遺体の安置所として使わせてほしいと、区役所から連絡があった。和田さんが学校に着いたときには、講堂も柔道場もほぼ避難者で埋まっていた。第2グラウンドも車で来る避難者のために開放した。昼すぎには最初の遺体が体育館に入る。

親元を離れて下宿先から学校に通っている生徒も多い。教員たちで手分けをして下宿をまわり、20〜30人の生徒たちを学校に集めた。倒壊した下宿では、下宿生たちによる大家さん救出作戦が行われていた。自宅を失った教員たちや下宿生たちはひとまず学校の中でその日一夜を過ごした。

1月18日。朝、近隣のガスタンクでガス漏れが発生しており、爆発の恐れがあるとの知らせがあった。灘も避難対象区域に含まれていた。下宿生たちをいつまでも学校に置いておくわけにもいかない。高3生をリーダーにして、西宮北口まで中学生を連れて歩いてもらうことにした。そこから先は鉄道が動いていた。

生徒のなかに被害者がいないかという確認にも時間がかかった。学年ごとに情報を集めてもらい、結果を和田さんの自宅に報告する流れになった。和田さんの妻が、それを書き留めた。震災以来、自分が何も口にしていないことに和田さんが気づいたのは、2日目の午後だった。

大混乱のなかの中学入試、卒業式、大学受験

2日目の夜には体育館は遺体でいっぱいになってしまった。学校内にある井戸水は近隣のひとたちの給水所になった。卒業生の医者が、学校の中で臨時の診療所も開設した。ボランティアにやってきた生徒たちは、区役所から仮設トイレが届くまで、教員たちとともにトイレの汚物処理に明け暮れた。

「何もかもがめちゃくちゃで、どこから手を付けていいのかすらわからない状態でしたが、不思議なことに、学校の中にいらっしゃる避難者の方たちの間で自然に組織ができてくるんです。もともと自治会のリーダーのようなひとがいるのかもしれませんが、そういうひとを中心に、それぞれができることを始めるんです。絶望と混沌のなかにも少しずつ秩序をつく

り出そうとする力が、人間にはあるのですね。頼もしく感じました」（和田さん）

被災1週間後には、グラウンドに自衛隊がやってきて、炊き出しが行われた。体育館の遺体がすべて引き取られていったのは1月末だった。

1月14日から15日にかけてセンター試験が行われた直後だった。16日は成人の日で休日だったが、高3生を集めて自己採点をさせておいたからまだよかった。高3の担任は、散乱する職員室の書類の中からなんとか用意しておいた「調査書」（大学出願時に提出する書類）を見つけ出し、生徒が居住する地域ごとに集合をかけ、そこで手渡した。

2月1日に生徒を登校させた。2月13日に午前中4時間、座学だけの授業を再開し、その年度は3月末まで授業を行った。2月1日に実施する予定だった中学入試を3月1日に変更する旨を、全受験生に連絡しなければならなかった。願書の締め切りは1月17日だった。

2月10日、卒業式。普段は体育館で行うが、このときは視聴覚室でこぢんまりと行われた。この年の東大合格者数は95人。例年と遜色のない結果だった。避難所で受験勉強をしていた生徒もいたはずである。

5月の文化祭は避難者もいっしょに予定通り行われた。灘そして地域の再生・復興をアピールする展示が目立った。

最後の避難者が学校を出たのは7月19日のことである。遺体の安置所として使用された体育館やグラウンドでは、僧籍をもつ教員が犠牲者を悼む慰霊の儀式を行った。

未曽有の事態でこそ「精力善用」「自他共栄」

「あれ以来、学校として、災害に対する感受性が高まりました。東日本大震災のときには多くの教員や生徒がボランティアに行きました。福祉委員会という生徒組織もできて、募金活動を行いました。そして、地域の方々との絆ができたことは、災い転じて福となすです。登下校中の生徒はいろいろなご迷惑をおかけしますし、それまでは地域の方々からどちらかといえば疎まれていたところがあったんです」（和田さん）

現在、中1の1学期の道徳の時間では、学校の生い立ち、創立者の人生、地域環境などについて、和田さん自らが新入生に語りかける。そのなかで、震災体験についても多くの時間を割き、「いま、この時間に大地震が起きたら、どうする？」と生徒たちに問いかける。いまの生徒たちは震災当時には生まれてもいなかった。でも、灘で経験した当時のありのままの事実を伝えるだけでも、生徒たちの胸に響くものがあるようだと和田さんは言う。

振り返ってみれば、震災後の地域支援は、校是である「精力善用」「自他共栄」の実践でもあった。

灘出身で前東大総長の濱田純一氏はかつて学生に「よりグローバルに、よりタフに」と呼びかけた。「グローバルとは、単に海外という意味ではないはずです。未曽有の災害にせよ、時代の急激な変化にせよ、想定外の事態に際してもおじけづくことなく、精力善用・自他共栄の精神で対処できるひとを育てることが私たちの使命だろうと思います」（和田さん）

あの悲惨な震災は、灘の歴史の一部として今も語り継がれている。

「本当に医学部でいいか」　名門東海は生徒を迷わせる

名古屋の病院は東海の卒業生だらけ!?

東海は、特に国公立大医学部合格者数では開成や灘をも凌駕《りょうが》する超進学校だ。なぜ医学部合格者が多いのか。

「世間的に医学部ブームだといわれています。でも本校はずっと前から医学部進学志向が非常に強い学校でした。にわかにブームに乗ったように思われるのは甚だ心外なんです」と言うのは高校教頭の西形久司さん。

1888年、もともとは浄土宗の僧侶を養成する学校としてつくられた。大正時代に教育熱が高まると、旧制中学が不足した。そこで東海も一般生を受け入れ、一般的な中学校としての認可を得た。

しかし、愛知県はいわゆる「官尊民卑」の思想が強い土地柄で、特に「官」志向で立身出世を目指す優秀な子どもたちはたいてい愛知一中(現在の旭丘高校)を選んだ。東海を選ぶのは、自営業者が多く、そのなかには医者の家庭も多かった。それで医学部進学率が当時から高かったのだ。

当時から近隣に愛知県立医科大学(現在の名古屋大医学部)があったことも大きい。現在でも名古屋大医学部の約4分の1は東海出身者で占められている。ほかにも名古屋市立大、岐阜大、三重大、浜松医大など、近隣に医学部が豊富であることも、驚異の医学部進学率の前提だ。2019年には名古屋大医学部に29人、名古屋市立大医学部に23人の合格者を出している。

「このあたりの病院は卒業生だらけなので、『病院では声をかけるな！』と卒業生たちには言っています」と西形さんは笑う。

外部模試は一切行わない

学校として医学部進学のノウハウでもあるのか。

「医学部受験のための特別な勉強なんて学校ではやっていません。ごく普通の勉強をしているだけです」と西形さんは言う。

定期試験のほかに、高1までは年2回の「実力テスト」を実施する。高2では年3回。高3では年4回の「校内模試」が行われる。業者による外部模試は一切行わず、すべて教員が作問する。教員が自らつくるからこそ、生徒のできを肌感覚で感じとり、その後の指導に生かせるのだという。

高2以降は文系・理系のクラス分けになる。例年、理系が8クラス、文系が2クラスできることが多い。さらに実力テストの成績に定期試験の成績を加味してA群・B群に分ける。B群は比較的少人数クラス構成になり、さらに英語に関しては授業のレベルを自己申告で選択できる。A群が上位クラスだが、B群の生徒たちに手厚いのだ。

高3の夏休みには希望者を対象にした夏期講習が10日間実施される。参加費2500円で好きな講座が受け放題になるしくみだ。それ以外に学校による強制的な補講は一切やっていない。ただし通塾率は高い。また、生徒たちからの個別の要請に応じた随時の補講はたびたび行われている。

「私は日本史を教えていますが、センター試験が終わってからの約1カ月間は論述式問題の採点を大量に依頼されます。最近はメールを利用して24時間態勢で対応しています。働き方としてはよろしくありませんが、せっかく生徒が頼りにしてくれているわけですから、入試直前くらいは勤倹誠実にやろうと思ってます（笑）」（西形さん）

本当に医学部でいいのか迷わせる

医学部を勧めるなんてことも一切していない。

「だって定員が100人しかない名古屋大医学部に、うちの学校からヘタすれば100人以上が受けていますよ。効率よく合格実績を出そうとしていたらそんなことにはならないでしょう」(西形さん)

ただし、高1の「総合学習」の時間で病院実習を行ったり、「サタデープログラム」と呼ばれる名物イベントで医学関係者を講師として招いたり、「ようこそ先輩」という行事で医師として活躍する卒業生の話を聞いたりはする。

高1の総合学習の時間には、医学部志望者を集めて、いわゆる最先端設備がそろった総合病院に実習に行ったり、東洋医学の先生の話を聞いたり、看護師の立場から見た医師という仕事について話を聞いたり、イラクから来た留学生医師が医学を学ぶ理由を聞いたりしたこともある。

サタデープログラムとは、一般市民も参加できる公開講座だ。年2回、学校を開放し、合計約100講座が開かれる。講師として、政治評論家の田原総一朗氏、女優の竹下景子氏、漫画家の荒木飛呂彦氏、著名な弁護士、大学の研究機関や宇宙航空研究開発機構(JAXA)の研究者などを呼ぶための交渉をするのも、当日一般客を案内・誘導するのも、生徒たち自らが行う。いまでは1回につき来校者が6000人にも上る地域の一大イベントになっている。この企画・運営自体が生徒たちを大きく成長させている。

「ほっとくと、成績上位から医者になっていってしまうんです。非常によろしくない。せっかく優秀なんだったらもっと別の分野でも活躍していろいろな角度から社会を牽引してもらいたい。だから本当に医学部でいいのかということを絶えず考えさせたい。迷わせたい。私たちとしてはそう思っているんです。一部の保護者からは『いらんこと言うな』と怒られるかもしれませんが」（西形さん）

医学部合格者数も東大合格者数も知らない

西形さんはある卒業生の話をしてくれた。

非常に優秀な生徒だった。しかし高1のときに父親の事業が傾き、勉強へのやる気を失い、成績が落ち込み、夜のアルバイトをし始めた。たまたま事件に巻き込まれてしまい、一時は無期停学になったが、そこから奮起し、再び勉強を始めると成績はぐんぐん伸びた。一度どん底を味わいそこからはい上がってきた子どもは強い。高3では学年トップになった。

東大を受け、合格した。職員室にいた西形さんに報告の電話をくれた。しかし電話の向こうに嗚咽《おえつ》が聞こえる。「どうしたの?」と尋ねると彼は告白した。「先生も知ってる通り、高1のとき、僕は学校をやめる寸前までいった。ぜんぜん勉強できない自分がいた。高3で不思議に勉強ができるようになって学年で1番もとったけど、いったいどちらの自分が本当の自分なのかわからなくなってしまって……。入試当日にいったいどちらの自分が出現するかと思うと怖くて、前の晩は眠ることができませんでした」。強い不安を乗り越えての合格だったのだ。

いつもはお茶目な西形さんだが、「生徒一人一人にドラマがあります。それを束ねて数にしたところで何の意味があるのでしょうか」と言ったこのときばかりは目に力がこもった。「数字なんてどうでもいい。そういう彼の人生にちょっとでも寄り添うことができたことが、自分にとってはうれしい。医学部合格者数○年連続日本一だとか週刊誌には書かれますが、学校としては医学部が何人だとか東大が何人だとか、はっきり言って何の関心もないです。私自身は数字も知りません」(西形さん)

西形さんはほかにもたくさんの卒業生たちのドラマを語ってくれた。

「ときどき彼らが学校に来てくれます。しょうがないからメシをおごります。でも彼らの話を聞いているとこちらの世界が広がります。教えていたつもりがいつの間にか教えられている。教師としてこんなうれしいことはありません。在学中だけしりをたたいて勉強させとったって面白くもなんともないでしょう」

空海の教えに導かれ　洛南生たどりつく限界の向こう側

約1200年にわたって受け継がれる教育理念

西暦828年に弘法大師（空海）が開いた日本初の私立学校「綜藝種智院」にまでそのルーツを遡ることができる。「綜藝種智」とは、「あらゆる学芸を総合して、完全な智慧を植え付ける」「一切智をあらゆるやり方で実現していく」という意味。「リベラルアーツ」の概念にも通ずる。

綜藝種智院の理念を受け継ぐ形で釈雲照律師が東寺《とうじ》に「総黌《そうこう》」を開いたのが1881年。

これも「総合的な学校」の意味だ。「仏法僧（仏＝本来の人間、法＝求むべき真理、僧＝真理を求めるひと）」の「三宝」に帰依せよという弘法大師の教えを、「自己を尊重せよ」「真理を探求せよ」「社会に献身せよ」と表現し直し、校訓とした。

釈雲照律師は山縣有朋、伊藤博文、大隈重信など明治の偉人たちが帰依した傑僧だ。総黌の設立にあたって校名を揮毫したのは江戸無血開城の立役者・山岡鉄舟で、その額がいまでも洛南に残っている。

その後「真言宗京都中学校」「東寺中学校」「東寺高等学校」と改称し、1962年に現在の校名「洛南高等学校」となり、1985年には附属中学校が設置された。男子校だったが、2006年には男女共学化。2014年には附属小学校もつくられた。もともとは「種智院大学」とも同法人だったが、2011年に分離した。

総合的な学校の名にふさわしく、総黌の開校当初から、進学だけでなくさまざまな進路を可能にするコースが設定されていた。現在では「空パラダイム」「海パラダイムα」「海パラダイムβ」の3コースがある。空パラダイムは難関大学進学を見据えたコース。海パラダイムβは、中学校で体操・陸上・バスケットボール・バレーボール・サッカー・水泳・吹奏楽の7つのクラブ活動での実績が認められた生徒たちが入学するコースだ。

体操部は51年連続インターハイ京都府予選優勝、吹奏楽部は56年連続全日本吹奏楽コンクール京都府大会金賞の強豪。バスケットボールの「Bリーグ」にも多数のプロ選手を輩出している。短距離走でオリンピックに出場した桐生祥秀氏も同校の卒業生である。

北川辰雄校長は「大学合格状況」の資料を開きながら、「進路がこれだけ多様性に富んでいるのが、総黌さらには綜藝種智院の理念を受け継いでいる証拠でしょう」と胸を張る。

6年間を通して週1時間の「宗教」の時間がある。中3と高2では東寺に見学にも行く。弘法大師の月命日にあたる毎月21日は授業を行わず、体育館に高3以外の全生徒が集められ「御影供《みえく》」が催される。「一堂に会して自己の根源に思いをいたす意味があります」と北川さん。仏教的儀式のあと校長講話や献奏があり、教室に戻ってから過去1カ月を振り返りこれからの1カ月を展望するための作文を書く。その日は午前中で学校が終わる。

「学校は道場である」との考えから、授業を受けるときの態度にも厳粛さを求める。掃除や挨拶の指導が教育の基本中の基本だとされており、「生活即学習　学習即生活」が合言葉のようになっている。入学宣誓を出家になぞらえ、制服と頭髪に関する取り決めは、釈尊（お釈迦様）の弟子が黄衣剃髪（最も質素な服装を着け、頭髪という飾りを落とす）したことに重ねて理解する。

俗世から隔離された現代の修行

弘法大師との縁を強く感じさせる特徴的な教育がある。高2の夏に高野山で行われる6泊7日の勉強合宿だ。宿坊で寝食をいただきながら、1日約10時間の勉強漬けの生活を送る。6時20分に起床し23時まで学習時間が設けられているという過酷さ。スマホは使えないしテレビもない。俗世から隔離され、まるで現代の修行である。

「そこまでやるとさすがに何か一回超えますからね（笑）。途中からみんな、すーっと透明な表情になっていくのがよくわかります」と亀村俊実副校長。勉強も極限までやると、悟りに一歩近づくのだろうか。

例年、高2は7月に4泊5日の修学旅行に出るが、そのあとの8月に6泊7日の勉強合宿が待ち受けているというのもなかなかにシュールな行事設定だ。先輩たちから聞いて知っているとはいっても、実際に勉強合宿の1日のタイムテーブルを渡されたときには、生徒たちから一斉に嘆息がもれるという。

〈ある学年の例〉

6時20分　起床
6時30分　掃除
6時50分　体操
7時20分　朝食
8時00分　宿坊から高野山大学へ移動し、自習
8時30分～11時50分　60分×3の学習
12時00分　高野山大学から宿坊に戻り昼食
13時10分　宿坊から高野山大学へ移動し、自習
14時00分～16時50分　50分×3の学習
17時00分　高野山大学から宿坊に移動
17時20分～18時40分　80分の学習および入浴

18時50分　夕食
19時40分～23時00分　90分×2の学習
23時00分　ミーティングおよび就寝準備
23時30分　消灯

「最初は悲鳴をあげていたとしても、1週間後にはみんなやりきっているんです。そうやって自学自習者としての自分の殻を破ってほしい」（亀村さん、以下同）

学習時間のなかには教員による授業も含まれるが、一般的な夏期講習のように授業によって学力を伸ばそうとしているのではなく、授業のための予習をしっかりすることに重きを置いている。

「世間からは進学校だと思ってもらっているようですが、特別な学習ツールはありません。本校の進学実績を支えているのは、生活指導を通して各生徒が自ら机に向かう習慣を身につけていることです。高野山の勉強合宿はそれを凝縮した象徴的な行事だといえます」

就寝前のミーティングでは担任が生徒に問う。この合宿の目的は第一に学力をつけること

洛南は学習合宿を高野山で行う（写真提供：洛南）

だけれど、では、学力を支えるものは何だと思うかと。それはいわずもがな体力と精神力ということになる。では体力と精神力を支えるものは何か。生活力ということになる。

「中央省庁に勤める本校の卒業生が言っていました。『国会期間中など深夜残業が続く時期になっても、洛南出身者は集中力が落ちない。その点では、まわりにいる錚々たる名門校出身の官僚に負けない。これもひとえに高野山合宿の効能でしょう』と（笑）。自分のペースを理解してよく保って、休憩時間にはしゃぎすぎたり食事を食べ過ぎたりしなければ、高いパフォーマンスを出し続けることができるということを、身をもって知っているんでしょう」

高1は東寺で高3は市内ホテルでまた合宿

実は洛南の勉強合宿は高2の8月の1回のみではない。高1の7月には東寺に隣接する洛南会館で4泊5日の勉強合宿を行う。高2の8月に高野山での6泊7日。高3の8月上旬には希望者を対象に高野山で、下旬にも希望者を対象に市内ほかのホテルで勉強合宿を行う。さらにセンター試験直前の1月にも京都市内のホテルで勉強合宿が開催される。

校長の北川さん自身も洛南出身で、勉強合宿を経験した。「私が入学した高1のときには東寺での勉強合宿が始まっていました。自宅から布団を担いで電車に乗って集合するんです。いまじゃ考えられないでしょう（笑）。蚊帳を垂らして寺の中で寝泊まりしましたよ。世界遺産になったので、やろうと思ってももうできませんけれど」と笑う。

高野山での勉強合宿が始まったのは北川さんの在学中。2019年時点で、東寺での勉強合宿は54年、高野山での勉強合宿は52年の歴史をもつ伝統行事ということになる。

「これだけ合宿をすると、生徒たちはかなり自動的に動けるようになります」（亀村さん、以下同）

9月の体育祭は毎年高3が仕切るので、9月はどうしても受験勉強の時間が減る。そこで遅れをとらないように、8月の勉強合宿で貯金をつくっておこうとして、みんな頑張るのだそうだ。

最後の勉強合宿を終え、センター試験（2021年からは共通テスト）も終わり、2月になると、高3は自宅学習期間になる。でも例年、学校に来たいという生徒が一定数いる。すると一部の生徒が、教員の時間割を調べて空き時間を見つけて補講をするように交渉に来るのだという。そうして生徒たちが自前で大学入試直前期の対策講座の時間割を組んでしまうのだ。

「場合によっては教員も1限から6限までびっしり授業しなければならない計画になっていることもあります。しかしなかなか断れません。それを仕切る生徒は、だいたい体育祭を仕切っていた主要メンバーです。彼らは自分の受験勉強よりも、みんなのために動くことを優先できる生徒です。立派だなあと思います。そのために仮に第一志望の大学に合格できなかったとしても、人間としてはすでに立派です。そういうひとならどこの大学に行くかなんて関係なく、社会で十分通用するでしょう」

「白鹿」ゆかり名士の泉　甲陽学院が寄付受けないワケ

教育と醸造業の共通点

甲陽は、日本酒「白鹿」で有名な西宮の酒造家・辰馬家が設立した学校である。地元では「辰馬さんの学校」として親しまれている。「地元では有名ですが、阪神間を出たら知っているひとは少ない。ローカルな学校ですよ」と今西昭校長は謙遜する。

1917年、大阪府立女学校長などを務めた教育者の伊賀駒吉郎が、現在の甲子園球場の近くに甲陽中学を開いた。正式な学校ではなく、私塾的な存在だった。しかし数年で経営難に陥る。伊賀の懇請にこたえて経営を引き受けたのが辰馬本家13代目当主・辰馬吉左衛門だった。1920年、財団法人辰馬学院甲陽中学校として、正式な中学校の認可を得た。

同校の卒業生である住友化学の岩田圭一社長は、甲陽での教育を酒の醸造になぞらえ、同窓会誌に次のような文章を寄せている。

「甲陽の教育方針は『銘酒の醸造のように、焦らず、競わず、衒《てら》わず、長期的な展望に立っての人間教育』と謳《うた》われていますが、社会に出て長く経《た》つほどに在学時の自らの行為を顧みる度合いが多くなります。これも『醸造』の一要素かもしれません」

現在の理事長は辰馬本家15代当主・辰馬章夫氏。辰馬家が経営する辰馬本家酒造の企業理念はまさに「育てる」である。今西さんも「教育は工業製品をつくるのとは違います。どちらかといえば農業に近い。醸造業もまさに農業ですから共通する部分が多いのでしょう」と言う。学校としての歴史は100年ちょっとではあるが、酒蔵として350年以上にわたって育て続けた歴史が、その土台にあるというわけだ。

同窓会からの寄付金もお断り

甲陽の教室ではかつて総楢《なら》材の武骨な木製机が使用されていた。創立40周年を記念して辰馬本家14代当主・辰馬吉男氏から贈られたもので、「辰馬さんの机」として親しまれていた。厚さ2・5センチの天板の下は物入れになっており、椅子の下は収納スペース。中学生1人では運ぶことができないほど重厚なものだ。天板の端には1本の溝が彫り込まれている。鉛筆が転がり落ちないようにとの細やかな工夫である。

「辰馬さんの机」は、重厚で上質なものを長く大切に使うこと、加えて、隅々までこまやかに心を配ることの大切さを、無言のうちに生徒たちに伝えていた。1990年代半ばに教室での使用は終えられたが、いまでも中学校の小ルームに50脚だけ残っている。

他方、「金は出しても口は出さない」が、関西の篤志家の矜持《きょうじ》であるらしい。事業で成功して財を成した者がそれを社会に還元するために私財をなげうつのなら、それが自分の力をさらに誇示するものであってはみっともないという美学が根底にある。いまでも実際、理事会は学校の教学面や人事に一切の口出しをしない。

その美学は、潔癖といっていいほどに貫かれている。甲陽という学校は、一切の寄付を受け付けない。保護者からの寄付も、卒業生からの寄付も、そして同窓会からの寄付さえも。学校現場への〝部外者〟の介入を徹底的に避けるためだ。卒業生から多額の寄付が集まることを誇る私学は多いが、甲陽はその逆なのである。

それだけ金銭の力は恐ろしいということを、江戸時代から続く商人の系譜として、身にしみてわかっているのだろう。理事会と同窓会と学校現場は決してなれ合いの関係にはなら

甲陽で使用されていた特注机（写真提供：甲陽）

ず、常に一定の距離感を保っている。

もとを正せば甲陽はイギリスのエリート養成校であるパブリックスクールに範をとってつくられた学校だ。「言うまでもなく、エリートには一般の人々とは違う厳しい倫理観や潔癖さが求められます。李下《りか》に冠を正さずの行動規範が求められます。昨今わが国の〝エリート〟たちの情実にまみれた振る舞いの数々を見るとき、甲陽の根本精神である『さやけさ』を誇りに思います」と今西さん。

「さやけさ」とは「澄みきった美しさ」のこと。今西さんは、甲陽として初の卒業生校長だ。「恩返しの気持ちを胸に、『清き泉の番人』になって微力を尽くすつもり」と言う。清き泉がなければ、銘酒も名士も育たない。

「劇的な改革よりも地道な改善」が甲陽流

「いまあるものを調整しながら新時代にも適応させていく。ハード面でもシステム面でも、それが本校の基本姿勢。劇的な改革よりも地道な改善に価値を置く文化が甲陽にはあります」と今西さん。一方で、「伝統」と「惰性」の区別が難しいとも今西さんはもらす。さまざまな行事で「おふざけ」が行われるのが甲陽の校風でもあるのだが、悪ノリが目立ってしまうこともある。

名物行事「耐寒登山」のゴールのあと、教員も生徒もいっしょになって有馬温泉の日帰り湯につかるというのはたしかに長い間ひとつのお約束になってはいるが、ここ数年、そのまま温泉宿に宿泊する生徒もいるという。一部の生徒はそれを勝手に「伝統」と呼んでいるが、「高校生が決して安くない有馬温泉の宿に泊まるなんて、ここ数年の悪ノリであり、甲陽の伝統ではない」と今西さんは言い切る。

ほかにも秋に行われる高校の「音楽と展覧の会」（文化祭）の一環として実施される「合

唱コンクール」で、まじめな合唱の前に、高3がコントのような寸劇を披露するのがはやった時期があった。審査員を担当する保護者もそれにつられて、寸劇の面白さで得点を付けてしまい、合唱コンクールの趣旨が損なわれる事態にまで発展した。生徒と教員が話し合い、これは自粛してもらうことにした。

「それは惰性か伝統か」。生徒たちの自由な発想のなかから数々の惰性が生まれる。そこに学校としての理念が通ったとき、惰性が伝統に変わる。理念に合致しない惰性は消えていく。そうやって伝統は積み重なっていく。変化の激しい時代だからこそ、「清き泉」の自浄作用が重要な役割を果たすのだ。

校則も生徒会もない理由　麻布、自由への高校紛争

前川喜平氏や宮台真司氏もいた

麻布は「自由な学校」の代名詞的存在だ。自分たちは「革命」によって自由を勝ち取った

のだという意識が、先輩から後輩へと受け継がれる伝統がある。制服も校則もないが、それは形の上での自由であり、麻布の自由の本質ではない。

１９６９～１９７１年に大規模な学園紛争が勃発した。当時全国で高校紛争が起きていたが、校内に機動隊が突入し、その後38日間にもわたって学校が閉鎖されたのは全国でもまれに見るケースであり、特に義務教育課程であるはずの中学校が閉鎖されるのは全国でもほかに例を見ないことだった。

その混乱の中に、元文部科学事務次官の前川喜平氏や社会学者の宮台真司氏らもいた。

１９６９年から紛争の火種はくすぶっていた。１９７０年、それを鎮火するために同窓会から送り込まれたのが山内一郎校長代行だ。彼は強硬な姿勢で生徒や教員を押さえつけ、実質的な独裁者となった。さらに、自分に批判的な教員を解雇したり、知人の息子を裏口入学させたりと、学校を私物化した。校外施設を勝手に売却し、当時の金額で約２億５０００万円もの業務上横領をしていたこともものちにわかっている。

校長代行の登場は火に油を注いだ。反発したのは生徒たちだけではない。教員の一部も労働組合を結成し、山内校長代行に反発した。校内は荒れに荒れた。１９７１年10月に行われた文化祭で、緊張はピークに達する。

10月3日、当時「セクト」と呼ばれた組織と関係をもつ一部の過激な生徒が、竹やりをもって文化祭に乱入、事務所を占拠した。一般の生徒たちはそれを遠巻きに見るだけだったが、山内校長代行が機動隊を校内に入れたため、むしろ一般の生徒たちが激高し、機動隊を追い返した。

10月5日、文化祭の後片付けの日、再び大規模な衝突が起こる。生徒約500人が体育館で集会を開き、山内校長代行の参加を呼びかけたが応答がなかった。約250人が中庭に座り込み、シュプレヒコールを始めると、再び機動隊が校内に導入された。

一部の教員が「絶対に手を出すな」と生徒たちに呼びかけて、機動隊の前でスクラムを組む。生徒を守るためだ。しかし抵抗むなしく、機動隊は次々と生徒をごぼう抜きにしていく。機動隊員もそんなことはしたくなかったのだろう。なかには生徒に「よく頑張った」「もう大丈夫だよ」「帰りなさい」と声をかける機動隊員もいた。

独裁者と生徒の対決

10月７日から無期限の学校閉鎖。ロックアウトである。11月12日、市ケ谷の私学会館で、このままでは卒業が危うい高３の学年集会が開催され、そこに山内校長代行も出席した。大混乱の末、山内校長代行に、全校集会への出席を半ば暴力的に約束させる。

11月13日、ロックアウトが解除され、全校集会が開催される。その２日目、小雨降る校庭で、生徒たちのフラストレーションは頂点に達する。突然現れて勝手にアジテーション演説を行って去って行った生徒が、学校を出たところで逮捕されたとの情報が伝えられたのだ。激高した生徒たちにもみくちゃにされ、山内校長代行は完全につるし上げられた。最後はなすすべもなく、「私は今日限りやめます」と言った。「革命」の瞬間だった。グラウンド全体に歓声が響き渡った。

生徒たちが実力行使で学校側の体制をひっくり返すのは、全国の高校紛争の中でも特異な例で、翌日の朝刊では「高校生パワー」「校長代行が全面降伏」などと報道された。

紛争後、山内校長代行が制定した生徒心得は破棄された。服装も髪形も自由になった。授業中以外は校外に出歩くことも、早弁も自由。政治活動も自由。生徒たちが自らそう決めたのである。

そして「自由とは自主・自律」「誰かに定められた規律によらず、自ら定めた規律に従うときのみ、自由である」「麻布の自由は決して学校が保障している自由ではない。生徒たち自身が保障している自由である」という思想が確立した。

麻布にはいまも生徒心得や校則がない。生徒手帳すらない。正式な同窓会もなければ、実は生徒会もない。それらが「ない」という消極的事実が、実感として、学園紛争のリアリティーをいまに伝えているのである。

未熟な自由と民主主義

麻布の創立者は江原素六という旧幕臣。要するに維新の負け組がつくった学校だ。江原は麻布の校長を務めながら、長年帝国議会議員としても活動した。薩長藩閥政治に反発し、自由で民主的な社会を実現するために、政治と教育の両面から社会に働きかけていたわけだ。

江原は自由闊達な校風をつくりあげ、生徒たちの言論を見ては「青年即未来」という言葉を使った。麻布を民主主義の孵化器《インキュベーター》ととらえていたのではなかろうか。

学園紛争という激動を乗り越えることで、麻布で培われた自由と民主主義の精神が、権力に屈しないことが証明された。その面では、創立者の遺志が通じたといえる。

平秀明校長は、校長就任後初の入学式で、次のように述べた。「麻布学園が大切にしているる自主・自立の精神とは、ものごとを自分の目で見、自分の頭で考えて判断し、自らのなかに自分を律する基準をつくることです。そしてそれができたとき、つまり、自分が自分自身の主人公になったとき、ひとは本当に自由になれるのです」

平さん自身、学園紛争直後の麻布に入学した。当時校内にはまだ紛争の爪痕が残っていたという。そしていま、紛争を知らない世代の教員たちを率いる。

一方で、「革命」が結局暴力によって成し遂げられたという負の側面も忘れてはいけない。その意味で、麻布の自由や民主主義はまだまだ未熟な状態にある。これをどう洗練していけるか。それが後世の麻布生たちに残された課題であり、麻布に入るということは、その難題を引き受けるということである。ただ単に、制服を着たくない、髪の毛を緑に染めてみたい、文化祭や運動会ではっちゃけたいというのならお門違いというものだ。

ただし、12歳の中学受験生にこれを理解しろと求めるのは酷である。入ってから気づけばいい。そして6年間をかけて学べばいい。麻布とは、そういう学校だ。

おわりに

本書に登場するような学校の生徒たちは、高い確率で有名大学に進学する。〝一流の学歴〟を手にする可能性が高い。それと同時に、本書で描かれているようにして、幅の広い教養や、「やり抜く力」に代表される非認知能力、そして損得勘定を超えた価値観を身につけることができる。まさに鬼に金棒である。

しかし私が意図した結論は、「このような学校に入るといいよ」ではなく、「どんな学校でも、こういう教育を優先してみてはどうか」という提案である。

「目覚ましい進学実績を残している学校だからこそこのようなゆとりある教育が行えるのだ」という指摘もあるだろう。正しい。ただそれはあくまでも「何はともあれ高い大学進学実績を出すことが高校教育の使命であるかのように思われている」という現状認識の上に成り立つ理屈だ。

そのような理屈がまかり通る限り永遠に、結局一部の進学実績上位校の生徒以外は、一流の学歴という〝金棒〟を手に入れられないばかりか、教養や非認知能力や損得勘定を超えた価値観を携えた〝鬼〟にすらなれないことになる。全国の高校がどんなに必死で進学実績を上げようとしても、難関大学合格という椅子取りゲームの椅子の数は増えないのだから。

このような状況は、格差を助長するだけでなく、大半の若者がその本来の能力を十分に開花する機会を逸するという意味で、甚大な社会的損失をもたらす。要するに、「何はともあれ高い進学実績を出すことが高校教育の使命である（なぜなら結局のところ出身大学名でひとの価値が推し量られる社会だから）」という風潮が、高校教育の目的を歪め、社会から活力を奪っているということだ。

高校以下の教育を改革するためという大義名分で大学入試改革も議論されたが、いくら学校教育の中身を改革しても、そこから出てきた若者を評価する〝モノサシ〟が旧態依然であれば、結局学校は変われない。本気で教育改革をしようとするならば、まず変わらなければいけないのは学校ではなく社会のほうであり、子どもたちではなく大人たちのほうである。

2020年12月

おおたとしまさ

※本書は、日本経済新聞電子版「NIKKEI STYLE」に連載中の「進学校の素顔」を再構成したものです。第5章の洛南は書籍限定の書き下ろしです。

おおたとしまさ おおた・としまさ

教育ジャーナリスト。1973年、東京都生まれ。麻布中学・高校出身で、東京外国語大学中退、上智大学英語学科卒。中高の教員免許をもち、小学校での教員経験もある。リクルートで雑誌編集に携わり独立後、独自の取材による教育関連の記事を、全国紙から女性誌にいたるまで幅広い媒体に寄稿。テレビやラジオにもレギュラー出演中で、講演も多数。著書は『新・男子校という選択』『新・女子校という選択』『中学受験という選択』（いずれも日経プレミアシリーズ）、『名門校とは何か？』（朝日新書）、『ルポ塾歴社会』（幻冬舎新書）など60冊以上。

日経プレミアシリーズ｜452

超《ちょう》進《しん》学《がく》校《こう》トップ10名《めい》物《ぶつ》対《たい》決《けつ》

二〇二一年一月八日　一刷

著者　おおたとしまさ

発行者　白石　賢

発　行　日経ＢＰ
日本経済新聞出版本部

発　売　日経ＢＰマーケティング
〒一〇五—八三〇八
東京都港区虎ノ門四—三—一二

装幀　ベターデイズ

組版　マーリンクレイン

印刷・製本　凸版印刷株式会社

ISBN 978-4-532-26452-9　Printed in Japan